A CORTINA

MILAN KUNDERA

A CORTINA

Ensaio em sete partes

Tradução
Teresa Bulhões Carvalho da Fonseca

Copyright © 2005 by Milan Kundera

Ouvrage publié avec le concours du Ministère français chargé de la culture
— Centre National du Livre

A publicação desta obra recebeu o apoio do Ministério da Cultura da França
— Centro Nacional do Livro

*Grafia atualizada segundo o Acordo Ortográfico da Língua Portuguesa de 1990,
que entrou em vigor no Brasil em 2009.*

Título original
Le Rideau: Essai en sept parties

Capa
Jeff Fisher

Preparação
Denise Pessoa

Revisão
Renato Potenza Rodrigues
Luciane H. Gomide

Atualização ortográfica
Verba Editorial

Dados Internacionais de Catalogação na Publicação (CIP)
(Câmara Brasileira do Livro, SP, Brasil)

Kundera, Milan
  A cortina : Ensaio em sete partes / Milan Kundera ; tradução
Teresa Bulhões Carvalho da Fonseca — 1ª ed. — São Paulo :
Companhia de Bolso, 2023.

  Título original: Le rideau
  ISBN 978-65-5425-001-6

  1. Ficção — História e crítica 2. Literatura — Filosofia I. Título.

22-133662   CDD-809.3

Índice para catálogo sistemático:
1. Ficção : História e crítica 809.3

Cibele Maria Dias – Bibliotecária – CRB-8/9427

Todos os direitos desta edição reservados à
EDITORA SCHWARCZ S.A.
Rua Bandeira Paulista, 702, cj. 32
04532-002 — São Paulo — SP
Telefone: (11) 3707-3500
www.companhiadasletras.com.br
www.blogdacompanhia.com.br

SUMÁRIO

PARTE 1: CONSCIÊNCIA DA CONTINUIDADE, *9*
Consciência da continuidade, *10*
História e valor, *11*
Teoria do romance, *13*
Pobre Alonso Quijada, *15*
O despotismo da *story*, *16*
Em busca do tempo presente, *18*
Os múltiplos significados da palavra "história", *21*
A beleza de uma súbita densidade da vida, *23*
O poder do fútil, *25*
A beleza de uma morte, *26*
A vergonha de se repetir, 30

PARTE 2: "DIE WELTLITERATUR", *33*
O máximo de diversidade no mínimo de espaço, *34*
A irreparável desigualdade, *35*
Die Weltliteratur, *37*
O provincianismo dos pequenos, *39*
O provincianismo dos grandes, *42*
O homem do Leste, *44*
A Europa Central, *46*
Os caminhos opostos da revolta modernista, *48*
Minha grande plêiade, *49*
Kitsch e vulgaridade, *51*
O modernismo antimoderno, *54*

PARTE 3: ADENTRAR A ALMA DAS COISAS, *57*
Adentrar a alma das coisas, *58*
O erro do qual nunca nos livramos, *60*
Situações, *62*
Aquilo que só o romance pode dizer, *64*
Os romances que pensam, *66*
A fronteira do inverossímil já não é vigiada, *69*
Einstein e Karl Rossmann, *71*
Elogio das brincadeiras, *72*
A história do romance vista do ateliê de Gombrowicz, *74*
Outro continente, *77*
A ponte prateada, *78*

PARTE 4: O QUE É UM ROMANCISTA?, *81*
Para compreender, é preciso comparar, *82*
O poeta e o romancista, *82*
História de uma conversão, *83*
A doce iluminação do cômico, *84*
A cortina rasgada, *85*
A glória, *86*
Mataram minha Albertine, *87*
O veredicto de Marcel Proust, *88*
A moral do essencial, *89*
A leitura é longa, a vida é curta, *90*
O menino e sua avó, *91*
O veredicto de Cervantes, *92*

PARTE 5: ESTÉTICA E EXISTÊNCIA, *95*
Estética e existência, *96*
A ação, *97*

Os agelastos, *99*
O humor, *101*
E se o trágico nos abandonasse?, *102*
O desertor, *103*
A corrente trágica, *105*
O inferno, *106*

PARTE 6: A CORTINA RASGADA, *109*
Pobre Alonso Quijada, *110*
A cortina rasgada, *111*
A cortina rasgada do trágico, *114*
A fada, *117*
A descida até o fundo negro de uma brincadeira, *118*
A burocracia segundo Stifter, *120*
O mundo violado do castelo e da vila, *122*
O sentido existencial do mundo burocratizado, *124*
As fases da vida dissimuladas atrás da cortina, *127*
Liberdade da manhã, liberdade da noite, *130*

PARTE 7: O ROMANCE, A MEMÓRIA, O ESQUECIMENTO, *133*
Amélie, *134*
O esquecimento que apaga, a memória que transforma,
   134
O romance como utopia de um mundo que não conhece
   o esquecimento, *136*
A composição, *138*
Um nascimento esquecido, *141*
O esquecimento inesquecível, *143*
Uma Europa esquecida, *145*

O romance como viagem através dos séculos e dos continentes, *146*
O teatro da memória, *148*
Consciência da continuidade, *150*
Eternidade, *152*

Sobre o autor, *155*

Parte 1
CONSCIÊNCIA DA CONTINUIDADE

CONSCIÊNCIA DA CONTINUIDADE

Contavam uma anedota sobre meu pai, que era músico. Estava ele em algum lugar na companhia de amigos quando, vindo de um rádio ou de um aparelho de som, ressoaram os acordes de uma sinfonia. Os amigos, todos músicos ou melômanos, reconheceram imediatamente a *Nona* de Beethoven. Perguntaram a meu pai: "Que música é essa?". E ele, depois de longa reflexão: "Parece Beethoven". Todo mundo segurou o riso: meu pai não reconhecer a *Nona sinfonia*! "Tem certeza?" "Tenho", disse meu pai, "é Beethoven, do seu último período." "Como é que você pode saber que é do último período?" Então meu pai chamou-lhes a atenção para certa ligação harmônica que Beethoven mais jovem nunca poderia ter utilizado.

A anedota certamente não passa de uma invenção maliciosa, mas ilustra o que é a consciência da continuidade histórica, um dos sinais pelos quais se distingue o homem pertencente à civilização que é (ou era) a nossa. Tudo assumia, aos nossos olhos, a importância de uma história, aparecia como uma sequência mais ou menos lógica de acontecimentos, de atitudes, de obras. Na época da minha primeira juventude, eu conhecia, de modo inteiramente natural, sem forçar, a cronologia exata das obras de meus autores prediletos. Impossível pensar que Apollinaire tivesse escrito *Álcoois* depois de *Caligramas*, pois, se esse fosse o caso, seria outro poeta, sua obra teria outro sentido! Gosto de cada quadro de Picasso por si mesmo, mas também de toda a obra de Picasso vista como um longo caminho cuja sucessão de etapas conheço de cor. As famosas questões metafísicas — de onde viemos? para onde vamos? — têm, na arte, um sentido concreto e claro, e não são absolutamente sem resposta.

HISTÓRIA E VALOR

Imaginemos um compositor contemporâneo que tenha escrito uma sonata que, por sua forma, suas harmonias, suas melodias, se parecesse com as de Beethoven. Imaginemos mesmo que essa sonata tenha sido composta de modo tão magistral que se ela fosse realmente de Beethoven teria figurado entre suas obras-primas. No entanto, por mais magnífica que pudesse ser, assinada por um compositor contemporâneo seria motivo de riso. Na melhor hipótese, o autor seria aplaudido como um virtuose do pastiche.

Como! Se sentimos um prazer estético diante de uma sonata de Beethoven, por que não sentimos a mesma coisa diante de outra no mesmo estilo e com o mesmo encanto quando ela é assinada por um de nossos contemporâneos? Não é o máximo da hipocrisia? A sensação da beleza, em vez de ser espontânea, ditada por nossa sensibilidade, é então cerebral, condicionada ao conhecimento de uma data?

Não há nada a fazer: a consciência histórica é a tal ponto inerente a nossa percepção da arte que esse anacronismo (uma obra de Beethoven datada de hoje) seria *espontaneamente* (isto é, sem a menor hipocrisia) sentido como ridículo, falso, incongruente, até monstruoso. Nossa consciência da continuidade é tão forte que interfere na percepção de cada obra de arte.

Jan Mukařovský, o fundador da estética estruturalista, escreveu em Praga, em 1932: "Apenas a suposição do valor estético objetivo dá um sentido à evolução histórica da arte".

Em outras palavras: se o valor estético não existe, a história da arte não é senão um depósito de obras cuja sequência cronológica não guarda nenhum sentido. E inversamente: é apenas no contexto da evolução histórica de uma arte que o valor estético é perceptível.

Mas de qual valor estético objetivo se pode falar se cada nação, cada período histórico, cada grupo social tem seus próprios gostos? Do ponto de vista sociológico, a história de uma arte não tem sentido em si mesma, ela faz parte da história de uma sociedade, do mesmo modo que a história das roupas, dos rituais funerários e matrimoniais, dos esportes, das festas. É mais ou menos assim que o romance é tratado no artigo que lhe consagra a *Enciclopédia* de Diderot e D'Alembert. O autor desse texto, o cavalheiro de Jaucourt, reconhece no romance uma grande difusão ("quase todo mundo lê"), uma influência moral (às vezes útil, às vezes nociva), mas nenhum valor específico que lhe seja próprio; aliás, ele não menciona nenhum dos romancistas que admiramos hoje: nem Rabelais, nem Cervantes, nem Quevedo, nem Grimmelshausen, nem Defoe, nem Swift, nem Smollett, nem Lesage, nem o abade Prévost; o romance não representa para o cavalheiro de Jaucourt nem uma arte nem uma história autônomas.

Rabelais e Cervantes. Que o enciclopedista não os tenha mencionado não é absolutamente chocante; Rabelais pouco se importava em ser ou não romancista, e Cervantes pensava em escrever um epílogo sarcástico da literatura fantástica da época precedente; nem um nem outro se consideravam "fundadores". Só a posteriori, progressivamente, a prática da arte do romance atribuiu a ambos esse status. E fez essa atribuição não porque eles foram os primeiros a escrever romances (existiram muitos outros romancistas antes de Cervantes), mas sim porque suas obras faziam compreender, melhor que as outras, *a razão de ser* dessa nova arte épica; porque representavam para seus sucessores os primeiros grandes valores romanescos; e foi só a partir desse momento em que se começou a ver no romance um valor, valor específico, valor estético, que os romances que os sucederam puderam aparecer como uma história.

TEORIA DO ROMANCE

Fielding foi um dos primeiros romancistas capazes de pensar uma poética do romance; cada uma das dezoito partes de *Tom Jones* abre com um capítulo dedicado a uma espécie de teoria do romance (teoria leve e agradável; porque é assim que um romancista teoriza: conservando com ciúme sua própria linguagem, e fugindo como da peste do jargão dos eruditos).

Fielding escreveu seu romance em 1749, portanto dois séculos depois de *Gargântua* e *Pantagruel*, um século e meio depois de *Dom Quixote*; e, mesmo se valendo de Rabelais e de Cervantes, o romance é para ele sempre uma arte nova, tanto que ele próprio se designa como "o fundador de uma nova província literária". Essa "nova província" é tão nova que ainda nem tem nome! Mais precisamente, tem, em inglês, dois nomes — *novel* e *romance* —, mas Fielding se proíbe de usá-los, pois a "nova província" mal foi descoberta e já é invadida por "um enxame de romances estúpidos e monstruosos" (*a swarm of foolish novels and monstruous romances*). Para não ser colocado no mesmo saco dos que ele despreza, "evita cuidadosamente o termo 'romance'" e designa essa nova arte com uma fórmula bastante complicada mas extremamente exata: um "relato prosai-comi-épico" (*prosai-comi-epic writing*).

Ele tenta definir essa arte, isto é, determinar sua razão de ser, delimitar o domínio da realidade que ela quer esclarecer, explorar, perceber: "O alimento que propomos aqui a nosso leitor não é outro senão a *natureza humana*". A banalidade dessa afirmação é apenas aparente; viam-se então, no romance, histórias engraçadas, edificantes, distraídas, mas nada mais; ninguém lhe atribuiria uma finalidade tão generalizada, portanto tão exigente, tão séria como o exame da "natureza humana"; ninguém elevaria o romance à categoria de uma reflexão sobre o homem como tal.

Em *Tom Jones*, no meio da narrativa, Fielding para de repente para declarar que um dos personagens o assusta; seu comportamento lhe parece "o mais inexplicável de todos os absurdos que já entraram na cabeça dessa estranha e prodigiosa criatura que é o homem"; na verdade, o espanto diante daquilo que é "inexplicável" nessa "estranha criatura que é o homem" é para Fielding o primeiro estímulo para escrever um romance, a razão para *inventá-lo*. "Invenção" (em inglês diz-se também *invention* [como em francês]) é a palavra-chave para Fielding; ele se refere à origem latina *inventio*, que quer dizer "descoberta" (*discovery*, *finding out*); ao inventar seu romance, o romancista descobre um aspecto até então desconhecido, oculto, da "natureza humana"; uma invenção romanesca é, assim, um ato de conhecimento que Fielding define como "uma rápida e sagaz penetração da verdadeira essência de tudo aquilo que é objeto de nossa contemplação" (*a quick and sagacious penetration into the true essence of all the objects of our contemplation*). (Frase notável; o adjetivo "rápido" — *quick* — dá a entender que se trata de um ato de conhecimento específico no qual a intuição desempenha um papel fundamental.)

E a forma desse "relato prosai-comi-épico"? "Sendo fundador de uma nova província literária, tenho toda a liberdade de ditar as leis dentro desta jurisdição", proclama Fielding, e ele se defende antecipadamente contra todas as normas que queriam lhe impor esses "funcionários da literatura" que são para ele os críticos; o romance é definido, para ele — e isso me parece capital —, por sua *razão de ser*, pelo domínio da realidade que ele tem de "descobrir"; sua forma, em contrapartida, apresenta uma liberdade que ninguém pode limitar e cuja evolução será uma perpétua surpresa.

POBRE ALONSO QUIJADA

O pobre Alonso Quijada quis se elevar a personagem lendário de cavaleiro errante. Para toda a história da literatura, Cervantes conseguiu justo o oposto: enviou um personagem lendário para baixo: para o mundo da prosa. "Prosa": essa palavra não significa apenas a linguagem não versificada; significa também o caráter concreto, cotidiano, corporal da vida. Dizer que o romance é a arte da prosa não é um truísmo; essa palavra define o sentido profundo dessa arte. Não ocorre a Homero perguntar-se se depois de suas inumeráveis lutas Aquiles ou Ájax conservaram todos os dentes. Ao contrário, para Dom Quixote e para Sancho, os dentes são uma perpétua preocupação, os dentes que doem, os dentes que faltam — "Saiba, Sancho, que um diamante não é tão precioso quanto um dente".

Mas a prosa não é apenas o lado penoso e vulgar da vida; é também uma beleza até então negligenciada: a beleza dos sentimentos modestos, como, por exemplo, a amizade cheia de familiaridade que Sancho tem por Dom Quixote. Este o persegue com sua falante desenvoltura, alegando que em nenhum livro de cavalaria um escudeiro ousaria falar com o mestre naquele tom. Claro que não: a amizade de Sancho é uma das descobertas de Cervantes da nova beleza prosaica — "[...] uma criancinha o faria acreditar que era noite em pleno dia: e por causa dessa simplicidade eu o amo como a minha própria vida, e todas as suas extravagâncias não são capazes de me fazer abandoná-lo", diz Sancho.

A morte de Dom Quixote é ainda mais emocionante porque é prosaica, isto é, desprovida de qualquer páthos. Ele já havia ditado o próprio testamento; depois, durante três dias, agoniza cercado de pessoas que o amam; no entanto, "isso não impede que a sobrinha coma, que a governanta beba, e que Sancho fique de bom humor. Pois o fato de herdar alguma coisa apaga ou atenua a tristeza que o homem sente pelo morto".

Dom Quixote explica a Sancho que Homero e Virgílio não descreviam os personagens "tais como eram, mas como deveriam ser para servir de exemplo de virtude às gerações futuras". Ora, Dom Quixote era tudo menos um exemplo a ser seguido. Os personagens romanescos não pedem para ser admirados por suas virtudes. Querem que os compreendamos, é uma coisa totalmente diferente. Os heróis de epopeia vencem ou, se são vencidos, conservam a grandeza até o último suspiro. Dom Quixote é vencido. E sem nenhuma grandeza, pois imediatamente tudo fica claro: a vida humana como tal é uma derrota. A única coisa que nos resta diante dessa inelutável derrota que chamamos de vida é tentar compreendê-la. Eis aí a *razão de ser* da arte do romance.

O DESPOTISMO DA *STORY*

Tom Jones é um menino que foi abandonado; mora num castelo no campo, onde lorde Allworthy o protege e educa; quando rapaz, apaixona-se por Sophie, a filha de um vizinho rico, e quando o amor vem a público (no fim da sexta parte) os inimigos o caluniam com tal perfídia que Allworthy, furioso, o expulsa; começa então sua longa peregrinação (lembrando a composição do romance "picaresco", em que apenas um protagonista, um "pícaro", vive uma série de aventuras e encontra a cada momento novos personagens), e é só lá pelo fim (nas partes dezessete e dezoito) que o romance retoma a intriga principal: depois de uma enorme sucessão de revelações surpreendentes, o enigma da origem de Tom Jones se explica: ele é filho natural da queridíssima irmã de Allworthy, falecida havia muito tempo; ele triunfa e, no último capítulo, se casa com sua bem-amada Sophie.

Quando Fielding proclama total liberdade em relação à forma romanesca, pensa primeiramente na recusa de deixar o romance ser reduzido a um encadeamento causal de ações, gestos, palavras, que os ingleses chamam de *story* e que pretende constituir o sentido e a essência de um romance; contra esse poder absolutista da *story* ele reivindica notadamente o direito de interromper a narração "onde e quando quiser", pela intervenção de comentários e reflexões próprios, em outras palavras, por *digressões*. No entanto, ele também utiliza a *story* como se ela fosse a única base possível para garantir a unidade de uma composição, para ligar o começo ao fim. Assim, ele terminou *Tom Jones* (mesmo que tenha sido, talvez, com um sorriso irônico secreto) com o golpe do gongo do *happy end* num casamento.

Visto dessa perspectiva, *Tristram Shandy*, escrito quinze anos mais tarde, aparece como a primeira desmistificação radical e inteira da *story*. Enquanto Fielding, para não sufocar no longo caminho de um encadeamento causal de acontecimentos, abre para todo lado as amplas janelas das digressões e dos episódios, Sterne renuncia completamente à *story*; seu romance nada mais é que uma única digressão multiplicada, um só baile alegrado por episódios cuja unidade, deliberadamente frágil, divertidamente frágil, não se mantém senão por alguns personagens originais e suas ações microscópicas cuja futilidade provoca o riso.

Gostam de comparar Sterne aos grandes revolucionários

da forma romanesca do século XX; com justiça, só que Sterne não era um "poeta maldito", era aplaudido pelo grande público: seu grandioso feito de desmistificação, ele fez sorrindo, dando risada, brincando. Ninguém, aliás, reclamava de que ele fosse difícil ou incompreensível; se incomodava, era pela leveza, pela frivolidade, e mais ainda pela *insignificância* chocante dos assuntos de que tratava.

Os que reclamavam dessa insignificância haviam escolhido a palavra certa. Mas lembremos do que dizia Fielding: "O alimento que propomos aqui a nosso leitor não é outro senão a natureza humana". Ora, seriam os grandes feitos dramáticos realmente a melhor chave para compreender a "natureza humana"? Não aparecem eles justamente mais como uma barreira que dissimula a vida como ela é? Um de nossos maiores problemas não é exatamente a insignificância? Não é ela o nosso destino? E se for assim, esse destino não seria nossa sorte, ou nossa desgraça? Nossa humilhação, ou, ao contrário, nosso alívio, nossa evasão, nosso idílio, nosso refúgio?

Essas perguntas eram inesperadas e provocadoras. Foi o jogo formal de *Tristram Shandy* que permitiu que ele as formulasse. Na arte do romance, as descobertas e a transformação da forma são inseparáveis.

EM BUSCA DO TEMPO PRESENTE

Dom Quixote estava morrendo, e no entanto isso não impedia que sua sobrinha comesse, que a governanta bebesse, e que Sancho ficasse de bom humor. Por um breve momento, essa frase entreabre a cortina que escondia a prosa da vida. Mas e se quiséssemos examinar essa prosa ainda mais de perto? Com detalhes? De uma hora para outra? Como se manifesta o bom humor de Sancho? Ele é falante? Fala com as duas mulheres? Sobre o quê? Fica todo o tempo perto do patrão?

Por definição, o narrador conta o que aconteceu. Mas cada pequeno acontecimento, assim que se torna passado, perde o caráter concreto e se transforma em silhueta. A narrativa é uma lembrança, portanto um resumo, simplificação, abstração. O verdadeiro rosto da vida, da prosa da vida, só se encontra no presente. Mas como contar acontecimentos passados e restituir-lhes o tempo presente que perderam? A arte do romance encontrou a resposta: apresentando o passado em *cenas*. A cena, mesmo contada no passado gramatical, é ontologicamente o presente: nós a vemos e ouvimos; ela acontece diante de nós, aqui e agora.

Quando liam Fielding, os leitores tornavam-se *ouvintes* fascinados por um homem brilhante que lhes tirava o fôlego com aquilo que contava. Balzac, cerca de oitenta anos depois, transformou os leitores em *espectadores* que olhavam para uma tela (uma tela de cinema antes da época) na qual sua magia de romancista fazia com que vissem cenas das quais não conseguiam despregar os olhos.

Fielding não inventava histórias impossíveis nem inacreditáveis; no entanto, a verossimilhança do que contava era a última coisa que lhe interessava; ele queria encantar os ouvintes não com a ilusão da realidade, mas com o sortilégio de sua fabulação, com observações inesperadas, com as situações surpreendentes que criava. Por outro lado, quando a magia do romance consistiu na evocação visual e acústica de cenas, *a verossimilhança tornou-se a regra das regras*: a condição sine qua non para que o leitor acreditasse naquilo que via.

Fielding se interessava pouco pela vida cotidiana (ele não teria acreditado que a banalidade pudesse um dia tornar-se um grande tema de romance); não fingia escutar com a ajuda de microfones secretos as reflexões que passavam pela cabeça dos personagens (ele os olhava de fora e formulava sobre a psicologia deles hipóteses lúcidas e muitas vezes engraçadas); as descrições o aborreciam, e ele não se detinha nem sobre a aparência física dos heróis (ninguém fica sabendo de que cor eram os olhos de Tom), nem sobre o pano de fundo histórico do romance; sua narrativa pairava alegremente acima das cenas, das quais só evocava os fragmentos que julgava indispensáveis para a clareza da intriga e da reflexão; a Londres em que acontece o destino de Tom parece mais um pequeno círculo impresso num mapa do que uma verdadeira metrópole: as ruas, os lugares, os palácios não são descritos, nem mesmo mencionados.

O século XIX nasceu depois de décadas de deflagrações que, pela repetição sucessiva, deixaram a Europa de pernas para o ar. Na existência do homem, algo de essencial mudou então, e de forma duradoura: a história tornou-se a experiência de cada um e de todos; o homem começou a compreender que não morreria no mesmo mundo em que nascera; o relógio da história passou a marcar as horas em voz alta, por toda parte, mesmo dentro do romance, cujo tempo imediatamente passou a ser contado e datado. A forma de cada pequeno objeto, de cada cadeira, de cada saia era marcada por seu desaparecimento (transformação) próximo. Entramos na época das descrições. (Descrição: piedade do efêmero, salvamento do perecível.) A Paris de Balzac não se parece com a Londres de Fielding: as praças têm nome; as casas, cores; as ruas, cheiros e ruídos; é a Paris de um momento preciso, Paris como nunca foi antes e nunca mais será. E cada cena do romance é marcada (mesmo que pela forma de uma cadeira ou o corte de uma roupa) pela história, que uma vez saída da sombra modela e remodela sem cessar a fisionomia do mundo.

Uma nova constelação iluminou o céu acima da trajetória do romance, que entrou no seu grande século, o século de sua popularidade, de seu poder; uma "ideia do que é o romance" então se estabeleceu e reinou sobre a arte até Flaubert, até Tolstói, até Proust; ela cobrirá com um semiesquecimento os romances dos séculos precedentes (detalhe inacreditável: Zola nunca leu *As relações perigosas*!) e tornará difícil a transformação futura do romance.

OS MÚLTIPLOS SIGNIFICADOS DA PALAVRA "HISTÓRIA"

"A história da Alemanha", "a história da França": nessas duas fórmulas o complemento é diferente, enquanto a noção de história conserva o mesmo sentido. "A história da humanidade", "a história da técnica", "a história da ciência", "a história desta ou daquela arte": aqui não só o complemento é diferente, mas até a palavra "história" significa cada vez uma coisa.

O grande médico A inventa um método genial de tratar uma doença. Mas uma década depois o médico B elabora outro método, mais eficaz, de modo que o método precedente (no entanto genial) é abandonado e esquecido. A história da ciência tem a marca do progresso.

Aplicada à arte, a noção de história não tem nada a ver com progresso; não implica nenhum aperfeiçoamento, melhora ou acréscimo; parece uma viagem empreendida para explorar terras desconhecidas e incluí-las num mapa. A ambição do romancista não é fazer melhor que seus predecessores, mas ver o que eles não viram, dizer o que eles não disseram. A poética de Flaubert não desconsidera a de Balzac, do mesmo modo que a descoberta do polo Norte não torna caduca a da América.

A história da técnica depende pouco do homem e de sua liberdade; obedecendo a uma lógica própria, ela não pode ser diferente daquilo que foi nem daquilo que será; nesse sentido ela é *inumana*; se Edison não tivesse inventado a lâmpada, outro o teria feito. Mas se Laurence Sterne não tivesse tido a ideia louca de escrever um romance sem nenhuma *story*, ninguém o teria feito em seu lugar, e a história do romance não seria a que conhecemos.

"Uma história da literatura, ao contrário da história simplesmente, não deveria comportar senão nomes de vitórias, já que as derrotas não são vitória para ninguém." Essa frase luminosa de Julien Gracq tira todas as consequências do fato de a história da literatura, "ao contrário da história simplesmente", não ser uma história de acontecimentos, mas a *história dos valores*. Sem Waterloo a história da França seria incompreensível. Mas os Waterloo dos pequenos e mesmo dos grandes escritores não têm lugar a não ser no esquecimento.

A história "simplesmente", a da humanidade, é a história das coisas que não estão mais aqui, que já não participam diretamente de nossa vida. A história da arte, porque é a história dos valores, portanto de coisas que nos são necessárias, está sempre presente, sempre conosco; escutamos Monteverdi e Stravinsky no mesmo concerto.

E já que estão sempre conosco, os valores das obras de arte são constantemente discutidos, defendidos, julgados, rejulgados. Mas como julgá-los? No domínio da arte não temos medidas exatas para isso. Cada julgamento estético é uma *aposta pessoal*; mas uma aposta que não se fecha na subjetividade, que enfrenta outros julgamentos, pretende ser reconhecida, aspira à objetividade. Na consciência coletiva, a história do romance em toda a sua extensão, de Rabelais até os nossos dias, encontra-se assim em perpétua transformação, da qual participam a competência e a incompetência, a inteligência e a burrice, e acima de tudo o esquecimento, que não para de aumentar seu imenso cemitério, no qual, ao lado dos não valores, repousam valores subestimados, desconhecidos ou esquecidos. Essa inevitável injustiça torna a história da arte profundamente *humana*.

A BELEZA DE UMA SÚBITA DENSIDADE DA VIDA

Nos romances de Dostoiévski, o relógio não para de marcar a hora: "Eram mais ou menos nove horas da manhã" é a primeira frase de *O idiota*; nesse momento, por pura coincidência (é, o romance começa com uma enorme coincidência!), três personagens que nunca tinham se avistado se encontram num compartimento de trem: Míchkin, Rogójin, Liébediev; na conversa deles aparece logo a heroína do romance, Nastássia Filíppovna. São onze horas, Míchkin toca a campainha na casa do general Epantchine; é meio-dia e meia, ele almoça com a mulher do general e suas três filhas; durante a conversa, Nastássia Filíppovna reaparece; sabemos que um tal Totski, que a sustentara, esforça-se para casá-la a qualquer preço com Gánia, o secretário de Epantchin, e que naquela noite, na festa organizada para comemorar seus 25 anos, ela deveria anunciar sua decisão. Terminado o almoço, Gánia leva Míchkin ao apartamento de sua família, aonde chegam, sem que ninguém esperasse, Nastássia Filíppovna e, pouco depois, também inopinadamente (cada cena em Dostoiévski é ritmada por chegadas inopinadas), Rogójin, bêbado, em companhia de outros bêbados. A noite na casa de Nastássia transcorre com excitação: Tótski espera, impaciente, o anúncio do casamento, Míchkin e Rogójin declaram ambos seu amor por Nastássia, e Rogójin ainda lhe dá um pacote com 100 mil rublos, que ela joga na lareira. A festa termina tarde da noite, e com ela a primeira das quatro partes do romance: em mais ou menos 250 páginas, quinze horas de um dia e nada mais que quatro ambientes: o trem, a casa de Epantchin, o apartamento de Gánia, o apartamento de Nastássia.

Até então, uma tal concentração de acontecimentos em tempo e espaço tão apertados não podia ser vista a não ser no teatro. Atrás de uma dramatização extrema das ações (Gánia esbofeteia Míchkin, Vária cospe na cara de Gánia, Rogójin e Míchkin fazem declarações de amor para a mesma mulher no mesmo momento), tudo aquilo que faz parte da vida cotidiana desaparece. É essa a poética do romance em Scott, em Balzac, em Dostoiévski; o romancista quer dizer tudo em cenas; mas a descrição de uma cena ocupa muito espaço; a necessidade de preservar o suspense exige extrema densidade de ações; daí o paradoxo: o romancista quer conservar toda a verossimilhança da prosa da vida, mas a cena fica tão rica em acontecimentos, tão transbordante de coincidências que perde o caráter prosaico e a verossimilhança.

No entanto, não vejo nessa teatralização da cena uma simples necessidade técnica, e menos ainda um defeito. Pois esse acúmulo de acontecimentos, com tudo o que possa ter de excepcional e de quase impossível, é antes de tudo fascinante! Quando acontece em nossa vida — quem poderia negá-lo? —, ele nos deslumbra! Nos encanta! Torna-se inesquecível! As cenas em Balzac ou em Dostoiévski (o último grande balzaquiano da forma romanesca) refletem uma beleza toda especial, beleza muito rara, claro, mas ainda assim real, e que cada um de nós conheceu ou pelo menos pressentiu na própria vida.

Surgiu a Boêmia libertina de minha juventude: meus amigos proclamavam que não havia experiência mais bela do que ter sucessivamente três mulheres ao longo de um mesmo dia. Não como o resultado mecânico de uma orgia, mas como a aventura individual de aproveitar uma série inesperada de oportunidades, surpresas, súbitas seduções. Esse "dia de três mulheres", extremamente raro, beirando o sonho, tinha um encanto inebriante que, vejo hoje, não consistia em nenhuma performance sexual esportiva, mas na *beleza épica* de uma sequência rápida de encontros, em que, comparada àquela que a havia precedido, cada mulher parecia ainda mais única, e os três corpos pareciam três longas notas tocadas cada uma num instrumento diferente, unidas num só acorde. Era uma beleza toda especial, *a beleza de uma súbita densidade da vida*.

O PODER DO FÚTIL

Em 1879, na segunda edição de *A educação sentimental* (a primeira é de 1869), Flaubert fez algumas modificações na disposição das linhas: ele nunca dividia uma em muitas, mas frequentemente as ligava em parágrafos mais longos. Isso parece revelar sua profunda intenção estética: *desteatralizar* o romance; desdramatizar ("desbalzaquear"); incluir uma ação, um gesto, uma resposta num conjunto maior; dissolvê-los na água corrente do cotidiano.

O cotidiano. Não é apenas monotonia, futilidade, repetição, mediocridade; é também beleza; por exemplo, o sortilégio das atmosferas; cada um conhece a partir da própria vida: uma música que ouvimos docemente, vinda do apartamento vizinho; o vento que faz sacudir uma janela; a voz monótona de um professor que uma aluna, em pleno devaneio amoroso, ouve sem escutar; essas circunstâncias fúteis imprimem uma marca de inimitável singularidade a um acontecimento íntimo que desse modo se torna marcante e inesquecível.

Mas Flaubert foi ainda mais longe no seu exame da banalidade cotidiana. São onze horas da manhã, Emma vem ao encontro de Leon na catedral e, sem dizer palavra, entrega ao amante até então platônico a carta em que anuncia que não quer mais encontrá-lo. Depois ela se afasta e começa a rezar; quando se levanta, um guia que está por perto se oferece para mostrar-lhes a igreja. Para sabotar o encontro, Emma aceita, e o casal é forçado a se plantar diante de um túmulo, levantar a cabeça diante de uma estátua equestre do morto, visitar outros túmulos e estátuas e ouvir a explicação do guia, que Flaubert reproduz com todas as suas bobagens e prolixidade. Furioso, não conseguindo aguentar mais, Leon interrompe a visita, puxa Emma para a calçada, chama um coche, e começa a célebre cena da qual não vemos nem ouvimos nada a não ser, de vez em quando, vinda de dentro do coche, uma voz de homem que dá ordens ao cocheiro de tomar uma direção sempre nova para que a viagem continue e a sessão de amor não termine nunca.

Uma das mais famosas cenas eróticas é desencadeada por uma banalidade total: um chato inofensivo e a obstinação de seu palavrório. No teatro, uma grande ação não pode nascer senão de uma outra grande ação. Apenas o romance soube descobrir o imenso e misterioso poder do fútil.

A BELEZA DE UMA MORTE

Por que Anna Kariênina se suicidou? Aparentemente, tudo é claro: há muitos anos as pessoas do seu meio se afastaram dela; ela sofre por estar separada do filho Serioja; mesmo que Vrónski continue a amá-la, ela tem medo de seu amor; está cansada dele, superexcitada, doentia (e injustamente) ciumenta; ela se sente como numa armadilha. É, tudo isso fica claro; mas será que estamos condenados ao suicídio quando caímos numa armadilha? Quantas pessoas se habituam a viver numa armadilha! E mesmo compreendendo a profundidade de sua tristeza, o suicídio de Anna continua sendo um enigma.

Quando sabe da terrível verdade de sua identidade, quando vê Jocasta enforcada, Édipo fura os próprios olhos; desde o nascimento, uma necessidade causal o conduziu, com certeza matemática, na direção do desfecho trágico. Mas é na ausência de qualquer acontecimento excepcional que, na sétima parte do romance, Anna pensa pela primeira vez em sua possível morte; é na sexta-feira, dois dias antes de seu suicídio; atormentada depois de uma briga com Vrónski, ela se lembra de uma frase que dissera, excitada, um pouco depois do parto — "Por que não morri?" —, e durante muito tempo se detém nesse pensamento. (Atenção: não foi ela que, procurando uma saída para a armadilha, chegou logicamente à ideia da morte; foi uma lembrança que docemente lhe sugeriu a ideia.)

Torna a pensar uma segunda vez na morte no dia seguinte, sábado: ela diz a si mesma que a "única maneira de punir Vrónski, de reconquistar seu amor, seria o suicídio (portanto o suicídio não como uma saída para a armadilha, mas como vingança amorosa); para conseguir dormir, toma um sonífero, e se perde num sonho sentimental sobre sua morte; imagina o tormento de Vrónski debruçado sobre seu corpo; depois, constatando que sua morte é apenas uma fantasia, sente imensa alegria de viver: "Não, não, tudo menos a morte! Eu o amo, ele me ama também, já passamos por cenas parecidas, e tudo se arranjou".

O dia seguinte, domingo, é o dia de sua morte. De manhã eles brigam mais uma vez, e logo depois, quando Vrónski acaba de partir para visitar a mãe em sua casa perto de Moscou, ela lhe manda um bilhete: "Fiz mal; volta, temos de tentar nos entender. Em nome do céu, volta, estou com medo!". Em seguida resolve ir ver Dolly, a cunhada, para confidenciar seus problemas. Sobe no coche, senta-se e deixa os pensamentos passarem livremente pela cabeça. Não é uma reflexão lógica, é uma atividade descontrolada do cérebro, em que se misturam fragmentos de reflexões, observações, lembranças. O coche rodando é o lugar ideal para tal monólogo silencioso, pois o mundo exterior, desfilando diante de seus olhos, alimenta sem parar os pensamentos: "Escritórios e lojas. Dentista. Sim, vou contar tudo a Dolly. Vai ser duro contar tudo, mas vou fazê-lo".

(Stendhal gosta de cortar o som no meio de uma cena: não ouvimos mais o diálogo e acompanhamos o pensamento secreto de um personagem; trata-se sempre de uma reflexão muito lógica e condensada, com a qual Stendhal nos revela a estratégia do herói, que está avaliando uma situação e decidindo sobre seu comportamento. Ora, o monólogo silencioso de Anna não é absolutamente lógico, não é nem mesmo uma reflexão, é o fluir de tudo aquilo que se passa em sua cabeça em determinado momento. Tolstói antecipa assim aquilo que cinquenta anos mais tarde Joyce, de maneira muito mais sistemática, irá praticar em *Ulysses*, e que chamaremos *monólogo interior* ou *stream of consciousness*. Tolstói e Joyce estavam enfeitiçados pela mesma obsessão: penetrar naquilo que se passa na cabeça de um homem em determinado momento e que no momento seguinte desaparecerá para sempre. Mas existe uma diferença: com seu monólogo interior, Tolstói não examina, como Joyce fará mais tarde, um dia comum, cotidiano, banal, mas, ao contrário, os momentos decisivos da vida da heroína. E isso é muito mais difícil, porque quanto mais dramática, excepcional, grave é uma situação, mais aquele que a relata tende a apagar seu caráter concreto, esquecer sua prosa ilógica e substituí-la pela lógica implacável e simplificada da tragédia. O exame tolstoiano da *prosa de um suicídio* é, portanto, uma grande proeza; uma "descoberta" que não tem e nunca terá similar na história do romance.)

Quando chega à casa de Dolly, Anna é incapaz de dizer

o que quer que seja. Sai logo, torna a subir no coche e vai embora; segue-se o segundo monólogo interior: cenas de rua, observações, associações. Voltando para casa, encontra um telegrama de Vrónski que lhe avisa que está no campo, na casa da mãe, e que só voltará às dez horas da noite. Ao seu grito emotivo da manhã ("Em nome do céu, volta, estou com medo!"), ela esperava uma resposta também emotiva e, ignorando que Vrónski não recebera a mensagem, sente-se ferida; resolve tomar o trem para encontrá-lo; de novo está sentada no coche, onde tem início o terceiro monólogo interior: cenas de rua, uma mendiga carregando uma criança — "Por que pretende ela inspirar piedade? Não fomos nós atirados nesta terra para detestar e atormentar uns aos outros?... Olha, colegiais se divertindo... Mas meu Serioja!...".

Desce do coche e se instala no trem; ali uma nova força entra em cena: a feiura; da janela do compartimento, na plataforma, ela avista uma senhora "disforme" correndo; ela a "despe na imaginação para espantar-se com sua feiura...". A senhora estava acompanhada de uma moça "que ria com afetação, debochada e pretensiosa". Aparece um homem "sujo e feio com um boné". Finalmente senta-se a seu lado um casal; "eles a repugnam"; o senhor diz "bobagens à mulher". Toda a reflexão racional abandona sua mente; sua percepção estética fica hipersensível; cerca de meia hora antes de ela própria o deixar, ela vê a beleza deixar o mundo.

O trem para, ela desce para a plataforma. Aí lhe entregam uma nova mensagem de Vrónski confirmando a volta para as dez horas. Ela continua andando no meio da multidão, os sentidos agredidos de todo lado pela vulgaridade, a feiura, a mediocridade. Um trem de mercadorias entra na estação. De repente ela se "lembra do homem esmagado no dia de seu primeiro encontro com Vrónski, e compreende o que lhe resta fazer". E é só nesse momento que ela decide morrer.

("O homem esmagado" de que ela se lembra era um ferroviário que caíra embaixo de um trem no momento em que ela encontrara Vrónski pela primeira vez na vida. O que quer dizer isso, essa simetria, esse enquadramento de toda a sua história de amor com o motivo de uma dupla morte numa estação? Será manipulação de Tolstói? Sua maneira de brincar com os símbolos?

Recapitulemos a situação: Anna foi para a estação para rever Vrónski, e não para se matar; uma vez na plataforma, ela é *subitamente* surpreendida por uma lembrança e seduzida pela ocasião *inesperada* de dar à sua história de amor uma forma acabada e bela; de unir o começo ao fim no mesmo cenário da estação e com o mesmo motivo da morte sob rodas; pois sem saber o homem vive sob a sedução da beleza, e Anna, sufocada pela feiura do ser, torna-se ainda mais sensível a isso.)

Ela desce alguns degraus e fica perto dos trilhos. O trem de carga se aproxima. "Um sentimento toma conta dela, semelhante àquele de quando, ao tomar um banho, ela se preparava para um mergulho na água..."

(Uma frase milagrosa! Num só segundo, o último de sua vida, a extrema gravidade se associa a uma lembrança agradável, comum, leve! Mesmo no momento patético da morte, Anna está longe do caminho trágico de Sófocles. Ela não abandona a estrada misteriosa da prosa, em que a feiura acompanha a beleza, o racional cede ao ilógico e um enigma permanece um enigma.)

"Ela colocou a cabeça entre os ombros e, com as mãos à frente, atirou-se embaixo do vagão."

A VERGONHA DE SE REPETIR

Durante uma das minhas primeiras estadias em Praga depois da implosão do regime comunista, em 1989, um amigo que tinha vivido todo aquele tempo lá me disse: "É de um Balzac que precisamos. Pois o que você vê aqui é a restauração de uma sociedade capitalista com tudo o que ela comporta de cruel e estúpido, com a vulgaridade dos escroques e dos emergentes. A estupidez comercial substituiu a estupidez ideológica. Mas o que torna pitoresca essa nova experiência é que ela guarda a antiga bem fresca na memória, e que as duas experiências se interpenetraram, e que a história, como na época de Balzac, colocou em cena incríveis imbróglios". E ele me conta a história de um velho, antigo alto funcionário do partido que, 25 anos antes, promovera o casamento da filha com o filho de uma grande família burguesa expropriada, a quem ele imediatamente proporcionara (como presente de casamento) uma bela carreira; hoje, o *apparatchik* está terminando a vida na solidão; a família do genro recuperou os bens outrora nacionalizados, e a filha tem vergonha do pai comunista, que só ousa ver em segredo. Meu amigo ri: "Está vendo? É palavra por palavra a história de *O pai Goriot*! O homem poderoso na época do terror consegue casar as filhas com 'inimigos de classe' que depois, na época da restauração, não querem mais saber dele, tanto que o pobre pai nunca pode encontrá-las em público".

Rimos durante muito tempo. Hoje me detenho nesse riso. Na verdade, do que rimos? O velho *apparatchik* seria tão ridículo? Ridículo por ter repetido aquilo que o outro vivera? Mas não repetia absolutamente! Era a história que se repetia. E para se repetir é preciso não ter pudor, nem inteligência, nem gosto. É o mau gosto da história que nos faz rir.

Isso me faz voltar à afirmação de meu amigo. É verdade que a época que estamos vivendo na Boêmia precisa de seu Balzac? Talvez. Talvez, para os tchecos, fosse esclarecedor ler romances sobre a volta ao capitalismo de seu país num ciclo romanesco grande e rico, com muitos personagens, escrito à moda de Balzac. Mas nenhum romancista digno desse nome escreverá tal romance. Seria ridículo escrever outra *Comédia humana*. Pois se a história (a da humanidade) pode ter o mau gosto de se repetir, a história de uma arte não suporta repetições. A arte não existe para registrar, como um grande espelho, todas as peripécias, as variações, as infinitas repetições da história. A arte não é um orfeão que acompanha a história em sua marcha. Ela está aqui para criar sua própria história. Aquilo que ficará um dia da Europa não será sua história repetitiva, que em si mesma não representa nenhum valor. A única coisa que tem chance de ficar é a história de suas artes.

Parte 2
DIE WELTLITERATUR

O MÁXIMO DE DIVERSIDADE NO MÍNIMO DE ESPAÇO

Que seja nacionalista ou cosmopolita, enraizado ou desenraizado, o europeu é profundamente determinado em relação a sua pátria; a problemática nacional é, na Europa, provavelmente mais complexa, mais grave que em outros lugares; em todo caso é diferente. A isso acrescente-se outra particularidade: ao lado de grandes nações existe a Europa das pequenas nações, das quais muitas, ao longo dos dois últimos séculos, adquiriram (ou recuperaram) a independência política. Talvez a existência delas tenha me feito compreender que a diversidade cultural é o grande valor europeu. Na época em que o mundo russo quis remodelar meu pequeno país à sua imagem, formulei meu ideal de Europa assim: *o máximo de diversidade no mínimo de espaço*; os russos não governam mais meu país natal, mas esse ideal corre perigo ainda maior.

Todas as nações da Europa vivem o mesmo destino comum, mas cada uma o faz de maneira diferente, a partir das próprias experiências particulares. É por isso que a história de cada arte europeia (pintura, romance, música etc.) parece uma corrida de revezamento na qual as diferentes nações transmitem uma à outra o mesmo testemunho. A polifonia tem início na França, continua sua evolução na Itália, atinge incrível complexidade nos Países Baixos e encontra a realização na Alemanha, na obra de Bach; o desenvolvimento do

34

romance inglês do século XVIII é seguido pela época do romance francês, depois pelo romance russo, pelo romance escandinavo etc. O dinamismo e o grande sopro das artes europeias são inconcebíveis sem a existência das nações cujas experiências diversas constituem uma inesgotável reserva de inspiração.

Penso na Islândia. Nos séculos XIII e XIV uma obra literária de muitos milhares de páginas nasceu ali: as sagas. Nem os franceses nem os ingleses criaram nessa época tamanha obra em prosa em sua língua natal! Queiram meditar sobre isso com toda a atenção: o primeiro grande tesouro da prosa da Europa foi criado no menor de seus países, que até hoje tem menos de 300 mil habitantes.

A IRREPARÁVEL DESIGUALDADE

O nome de Munique tornou-se o símbolo da capitulação diante de Hitler. Mas sejamos mais concretos: em Munique, no outono de 1938, os quatro grandes — Alemanha, Itália, França e Grã-Bretanha — negociaram o destino de um pequeno país ao qual negaram até o direito à palavra. Numa sala separada, os dois diplomatas tchecos esperaram uma noite inteira para serem levados, de manhã, através de longos corredores, a uma sala onde Chamberlain e Daladier, cansados, desinteressados, bocejando, lhes anunciariam o veredicto de morte.

"Um país distante do qual pouco sabemos" (*A far away country of which we know little*). Essas famosas palavras, com as quais Chamberlain queria justificar o sacrifício da Tchecoslováquia, estavam certas. Na Europa, de um lado há os grandes países, e de outro, os pequenos; existem as nações instaladas nas salas de negociação, e aquelas que esperam a noite inteira nas antessalas.

O que distingue as pequenas nações das grandes não é o critério quantitativo do número de seus habitantes; é alguma coisa mais profunda; a existência delas não é uma certeza por si só, mas sempre um problema, um desafio, um risco; elas estão na defensiva diante da história, essa força que as ultrapassa, que não as leva em consideração, que nem mesmo percebe que elas existem. ("Só nos opondo à história como tal é que podemos nos opor à história de hoje", escreveu Gombrowicz.)

Os poloneses são tão numerosos quanto os espanhóis. Mas a Espanha é uma velha potência que nunca foi ameaçada na sua existência, ao passo que aos poloneses a história ensinou o que quer dizer não existir. Privados de seu Estado, eles viveram durante mais de um século no corredor da morte. "A Polônia *ainda* não morreu" é o primeiro verso patético de seu hino nacional, e há cerca de cinquenta anos Witold Gombrowicz escreveu uma frase numa carta para Czesław Miłosz que nunca viria à mente de nenhum espanhol: "Se daqui a cem anos nossa língua ainda existir...".

Tentemos imaginar que as sagas islandesas tivessem sido escritas em inglês. Os nomes de seus heróis nos seriam tão familiares quanto os de Tristão ou Dom Quixote; seu caráter estético singular, oscilando entre crônica e ficção, teria provocado uma série de teorias; ocorreriam brigas para decidir se poderíamos ou não considerá-las os primeiros romances europeus. Não quero dizer que foram esquecidas; depois de séculos de indiferença, elas são estudadas nas universidades do mundo inteiro; mas pertencem à "arqueologia das letras": não influenciam a literatura viva.

Levando em conta que os franceses não estão habituados a distinguir nação de Estado, vejo muitas vezes Kafka ser qualificado como escritor tcheco (ele se tornou realmente, depois de 1918, cidadão tchecoslovaco). É claro que isso é uma tolice. Kafka só escrevia, é preciso lembrar, em alemão, e se considerava, sem nenhum equívoco, um escritor alemão. Portanto, imaginemos por um instante que ele tivesse escrito seus livros em tcheco. Hoje, quem os conheceria? Antes de conseguir impor Kafka à consciência mundial, Max Brod teve de fazer esforços gigantescos, durante vinte anos, e com o apoio dos maiores escritores alemães! Mesmo que um editor de Praga tivesse conseguido publicar os livros de um hipotético Kafka tcheco, nenhum de seus compatriotas (quer dizer, nenhum tcheco) teria a autoridade necessária para fazer o mundo conhecer aqueles textos extravagantes escritos na língua de um país distante *"of which we know little"*. Não, creiam, ninguém conheceria Kafka hoje, ninguém, se ele fosse tcheco.

Ferdydurke, de Gombrowicz, foi editado em polonês em 1938. Teve de esperar quinze anos para ser lido e recusado por um editor francês. Foi preciso mais tempo ainda para que os franceses pudessem encontrá-lo nas livrarias.

DIE WELTLITERATUR

Existem dois contextos elementares nos quais podemos situar uma obra de arte: ou bem a história de sua nação (chamemos este de *o pequeno contexto*), ou bem a história supranacional de sua arte (chamemos de *o grande contexto*). Estamos acostumados a ver a música, naturalmente, no grande contexto: saber qual era a língua natal de Roland de Lassus ou de Bach não tem grande importância para um musicólogo; no entanto, um romance, por estar ligado à língua, é estudado em todas as universidades do mundo quase exclusivamente no pequeno contexto nacional. A Europa não conseguiu pensar sua literatura como uma unidade histórica, e não cessarei de repetir que esse é seu irreparável fracasso cultural.

Pois para permanecer na história do romance: é a Rabelais que Sterne reage; é Sterne que inspira Diderot; é Cervantes que invoca Fielding sem parar; é Fielding que se compara a Stendhal; é a tradição de Flaubert que se prolonga na obra de Joyce; é na reflexão sobre Joyce que Broch desenvolve sua própria poética do romance; é Kafka que faz García Márquez compreender que é possível sair da tradição e "escrever de outra maneira".

O que acabo de dizer foi Goethe quem formulou pela primeira vez: "Hoje a literatura nacional não representa mais grande coisa; entramos na era da literatura mundial [*die Weltliteratur*], e cabe a cada um de nós acelerar essa evolução". Eis, por assim dizer, o testamento de Goethe. Mais um testamento traído. Pois abram qualquer manual, qualquer antologia, a literatura universal sempre estará apresentada como uma justaposição de literaturas nacionais. Como uma história das literaturas! Das literaturas, no plural!

E entretanto, sempre subestimado pelos compatriotas, Rabelais nunca foi mais bem compreendido do que por um russo: Bakhtin; Dostoiévski, por um francês: Gide; Ibsen, por um irlandês: G. B. Shaw; James Joyce, por um austríaco: Hermann Broch; a importância universal da geração dos grandes americanos — Hemingway, Faulkner, Dos Passos — foi revelada em primeiro lugar pelos escritores franceses ("Na França, sou o pai de um movimento literário", escreveu Faulkner em 1946, queixando-se da surdez que encontrava no próprio país). Esses poucos exemplos não são bizarras exceções à regra, não, são a regra: um recuo geográfico afasta o observador do contexto local e lhe permite abraçar o *grande contexto* da *Weltliteratur*, a única capaz de fazer aparecer o *valor estético* de um romance, isto é, os aspectos da existência até então desconhecidos que esse romance soube revelar; a novidade da forma que ele soube encontrar.

Será que quero dizer com isso que para julgar um romance pode-se dispensar o conhecimento de sua língua original? Claro, é exatamente isso que quero dizer! Gide não conhecia o russo, G. B. Shaw não conhecia o norueguês, Sartre não leu Dos Passos no original. Se os livros de Witold Gombrowicz e de Danilo Kiš tivessem dependido unicamente do julgamento dos que conhecessem o polonês e o servo-croata, sua radical novidade estética jamais seria descoberta.

(E os professores de literatura estrangeira? Não é a missão natural deles estudar as obras no contexto da *Weltliteratur*? Sem chance. Para demonstrar competência de especialistas, eles se identificam ostensivamente com o *pequeno contexto* nacional das literaturas que ensinam. Adotam suas opiniões, gostos, preconceitos. Sem chance: é nas universidades de países estrangeiros que uma obra de arte fica mais profundamente atolada na sua província natal.)

O PROVINCIANISMO DOS PEQUENOS

Como definir o provincianismo? Como a incapacidade (ou a recusa) de considerar a cultura no *grande contexto*. Há dois tipos de provincianismo: o das grandes nações e o das pequenas. As grandes nações resistem à ideia de Goethe de literatura mundial porque sua própria literatura lhes parece rica o bastante para que não precisem se interessar pelo que se escreve em outros lugares. Kazimierz Brandys diz em seus *Carnets, Paris 1985-1987*: "O estudante francês tem lacunas maiores no conhecimento da cultura mundial do que o estudante polonês, mas pode se permitir isso, pois sua própria cultura contém mais ou menos todos os aspectos, todas as possibilidades e fases da evolução mundial".

As pequenas nações são reticentes em relação ao *grande contexto* por razões justamente inversas: têm em alta estima a cultura mundial, mas esta lhes parece algo de estrangeiro, um firmamento distante, inacessível, uma realidade ideal com a qual sua literatura nacional pouco tem a ver. A pequena nação inculcou em seu escritor a convicção de que ele pertence só a ela. Fixar os olhos acima da fronteira da pátria, juntar-se aos confrades no território supranacional da arte é considerado pretensioso, arrogante em relação aos seus. E levando em conta que as pequenas nações com frequência atravessam situações em que a sobrevivência está em jogo, elas conseguem facilmente apresentar essa atitude como moralmente justificável.

Franz Kafka fala disso em seus *Diários*; do ponto de vista de uma "grande" literatura, a saber, a alemã, ele observa as literaturas ídiche e tcheca; a pequena nação, diz ele, manifesta grande respeito por seus escritores porque eles lhe trazem orgulho "diante do mundo hostil que a cerca"; a literatura é para a pequena nação "menos uma questão literária" que uma "questão do povo"; e é essa excepcional osmose entre literatura e povo que facilita "a difusão da literatura no país, onde ela se associa aos slogans políticos". Depois chegamos à surpreendente observação: "Aquilo que no seio das grandes literaturas se passa embaixo e constitui um porão que não é indispensável ao edifício se passa aqui em plena luz; aquilo que lá provoca uma confusão passageira leva aqui a nada menos que uma questão de vida ou morte".

Essas últimas palavras me lembram um coro de Smetana (escrito em 1864) cujos versos dizem: "Alegra-te, alegra-te, corvo voraz, preparam-te uma iguaria: vão regalar-te com um traidor da pátria...". Essa bobagem sanguinária, como poderia ter sido proferida por tão grande músico? Um pecado da mocidade? Não é desculpa; ele já tinha então quarenta anos. Aliás, o que significava naquela época ser um "traidor da pátria"? Juntar-se aos comandos que enforcavam os compatriotas? Mas não: era traidor cada tcheco que havia preferido deixar Praga por Viena e que lá se entregava, tranquilamente, à vida alemã. Como disse Kafka, aquilo que em outros lugares "provoca uma confusão passageira leva aqui a nada menos que uma questão de vida ou morte".

A possessividade da nação em relação a seus artistas manifesta-se como um *terrorismo do pequeno contexto*, que reduz todo o sentido de uma obra ao papel que ela representa no próprio país. Abro uma velha cópia dos cursos de composição musical de Vincent d'Indy na Schola Cantorum de Paris, onde, no começo do século xx, toda uma geração de músicos franceses foi formada. Lá estão alguns parágrafos sobre Smetana e Dvořák, especialmente sobre os quartetos de cordas de Smetana. O que aprendemos? Uma única afirmação, muitas vezes repetida de variadas formas: essa música "de cunho popular" é inspirada "por canções e danças nacionais". Nada mais? Nada. Uma banalidade e um contrassenso. Banalidade porque encontramos traços de cantos populares, em toda parte, em Haydn, em Chopin, em Liszt, em Brahms; contrassenso porque justamente os dois quartetos de Smetana são uma confissão musical o mais íntima possível, escrita sob o impacto de uma tragédia: Smetana acabava de perder a audição; seus quartetos (esplêndidos!) são, como ele dizia, "o turbilhão da música na cabeça de um homem que ficou surdo". Como Vincent d'Indy pôde se enganar a esse ponto? Muito provavelmente, não conhecendo essa música, ele repetia aquilo que tinha ouvido dizer. Seu julgamento correspondia à ideia que a sociedade tcheca fazia desses dois compositores; para explorar politicamente sua glória (para poder mostrar orgulho "diante do mundo hostil que a cerca"), ela juntara os trapos de folclore encontrados na música deles e os costurara na bandeira nacional que hasteava acima de suas obras. O mundo não fazia senão aceitar polidamente (ou maliciosamente) a interpretação que lhe ofereciam.

O PROVINCIANISMO DOS GRANDES

E o provincianismo dos grandes? A definição continua a mesma: a incapacidade (ou a recusa) de enxergar sua cultura no *grande contexto*. Há alguns anos, antes do fim do último século, um jornal parisiense fez uma enquete com trinta personalidades de uma espécie de establishment intelectual do momento: jornalistas, historiadores, sociólogos, editores e alguns escritores. Cada um deveria citar, por ordem de importância, os dez livros mais marcantes de toda a história da França; dessas trinta listas de dez livros, foi tirada em seguida uma lista de cem livros laureados; mesmo que a pergunta feita ("Quais foram os livros que fizeram a França?") se prestasse a várias interpretações, o resultado dá no entanto uma ideia bastante precisa daquilo que a elite intelectual francesa considera hoje importante na literatura de seu país.

Dessa competição, *Os miseráveis*, de Victor Hugo, saiu vitorioso. Um escritor estrangeiro ficará surpreso. Nunca tendo considerado esse livro importante para si nem para a história da literatura, compreenderá imediatamente que a literatura francesa que ele adora não é aquela que em geral se adora na França. Em 11º lugar, *Memórias de guerra*, de De Gaulle. Dar tamanho valor ao livro de um estadista, de um militar, dificilmente aconteceria fora da França. Contudo, não é isso que é desconcertante, mas sim o fato de que as maiores obras-primas cheguem sempre depois! Rabelais só é citado em 14º lugar! Rabelais depois de De Gaulle! A propósito, leio um texto de um eminente acadêmico francês que declara que falta à literatura de seu país um fundador tal como Dante para os italianos, Shakespeare para os ingleses etc. Francamente, Rabelais é destituído, aos olhos dos seus, da aura de fundador! No entanto, aos olhos de quase todos os romancistas de nosso tempo, ele é, ao lado de Cervantes, o fundador de toda uma arte, a do romance.

42

E o romance dos séculos XVIII e XIX, essa glória da França? *O vermelho e o negro*, 22º lugar; *Madame Bovary*, 25º; *Germinal*, 32º; *A comédia humana*, apenas 34º (será possível? *A comédia humana*, sem a qual a literatura europeia é inconcebível!); *As relações perigosas*, quinquagésimo; os coitados *Bouvard e Pécuchet*, como miseráveis desprezíveis, ficam em último lugar. E existem obras-primas que nem são encontradas nesses cem livros eleitos: *A cartuxa de Parma*; *A educação sentimental*; *Jacques, o Fatalista* (na verdade, é só no *grande contexto* da *Weltliteratur* que pode ser apreciada a incomparável inovação desse romance).

E o século XX? *À procura do tempo perdido*, sétimo lugar. *O estrangeiro*, de Camus, 22º. E depois? Muito pouco. Muito pouco do que se chama literatura moderna, nada da poesia moderna. Como se a imensa influência da França sobre a arte moderna nunca tivesse existido! Como se, por exemplo, Apollinaire (ausente dessa seleção) não tivesse inspirado toda uma época da poesia europeia!

E há absurdos ainda maiores: a ausência de Beckett e de Ionesco. Quantos dramaturgos do século passado tiveram a força e o brilho que eles tiveram? Um? Dois? Não mais. Uma lembrança: a emancipação da vida cultural na Tchecoslováquia comunista estava ligada aos pequenos teatros que apareceram no começo dos anos 1960. Foi ali que vi pela primeira vez uma encenação de Ionesco, e foi inesquecível; a explosão de uma imaginação, a irrupção de um espírito desrespeitoso. Muitas vezes eu comentava: a Primavera de Praga começou oito anos antes de 1968, com as peças de Ionesco encenadas no pequeno teatro da Balustrade.

Poderiam objetar que a seleção que citei atesta, mais que um provincianismo, uma orientação intelectual recente que pretende que os critérios estéticos contem cada vez menos: aqueles que votaram em *Os miseráveis* não pensaram na importância desse livro na história do romance, e sim no grande eco social que ele tem na França. É evidente, mas isso não faz senão demonstrar que a indiferença em relação ao valor estético empurra fatalmente toda a cultura para o provincianismo. A França não é apenas o país em que vivem os franceses, é também o país que os outros observam e no qual se inspiram. E é segundo os valores (estéticos, filosóficos) que um estrangeiro aprecia os livros nascidos fora de seu país. Mais uma vez, a regra se confirma: esses valores são pouco perceptíveis do ponto de vista do pequeno contexto, mesmo que seja o *pequeno contexto* de uma grande nação.

O HOMEM DO LESTE

Nos anos 1970, deixei meu país pela França, onde, espantado, descobri que era "um exilado do Leste Europeu". Na realidade, para os franceses, meu país fazia parte do Leste Europeu. Eu me apressava em explicar por toda parte o verdadeiro escândalo de nossa situação: privados de soberania nacional, estávamos anexados não só a outro país, mas a outro *mundo*, o mundo do Leste Europeu, que, enraizado no passado bizantino, tem uma problemática histórica própria, uma face arquitetural própria, uma religião (ortodoxa) e um alfabeto (o cirílico, proveniente da escrita grega) próprios, e também o seu próprio comunismo (o que seria o comunismo centro-europeu sem a dominação russa ninguém sabe nem jamais saberá, mas não se pareceria de forma nenhuma com aquele sob o qual nós vivemos).

Pouco a pouco compreendi que eu vinha de um "*far away country of which we know little*". As pessoas ao meu redor davam muita importância à política, mas tinham um conhecimento precário de geografia: viam-nos como "comunizados", e não "anexados". Aliás, os tchecos não pertenceram sempre ao mesmo "mundo eslavo" dos russos? Eu explicava que, se existe uma unidade *linguística* das nações eslavas, não existe nenhuma *cultura* eslava, nenhum *mundo* eslavo: a história dos tchecos, assim como a história dos poloneses, dos eslovacos, dos croatas, dos eslovenos (e, claro, dos húngaros, que não são absolutamente eslavos), é puramente ocidental: gótico, Renascimento, barroco; contato estreito com o mundo germânico; luta do catolicismo contra a Reforma. Nada a ver com a Rússia, que ficava longe como se fora outro mundo. Só os poloneses viviam com ela uma vizinhança direta, mas que mais parecia um combate de morte.

Esforço inútil: a ideia de um "mundo eslavo" continua sendo um lugar-comum, enraizado, na historiografia moderna. Abro a *Histoire universelle* na prestigiosa edição da Pléiade: no capítulo "Le monde Slave", Jan Hus, o grande teólogo tcheco, irremediavelmente separado do inglês Wycliffe (do qual era discípulo), assim como do alemão Lutero (que vê nele seu precursor e mestre), é obrigado a suportar, depois de sua morte na fogueira em Constança, uma sinistra imortalidade em companhia de Ivan, o Terrível, com quem ele não tem a menor vontade de trocar nem uma única ideia.

Nada vale mais do que o argumento da experiência pessoal: quase no fim dos anos 1970, recebi o manuscrito do prefácio feito para um de meus romances por um eminente eslavista, que me colocava em perpétua comparação (elogiosa, claro, naquela época ninguém estava contra mim) com Dostoiévski, Gógol, Búnin, Pasternak, Mandelstam e com os dissidentes russos. Horrorizado, impedi a publicação. Não que sentisse antipatia por esses grandes russos, ao contrário, eu os admiro todos, mas em companhia deles me tornaria outro. Lembro-me sempre da estranha angústia que esse texto provocou em mim: esse deslocamento para um contexto que não era o meu, eu o vivia como uma deportação.

A EUROPA CENTRAL

Entre o *grande contexto* mundial e o *pequeno contexto* nacional podemos imaginar um degrau, digamos um *contexto mediano*. Entre a Suécia e o mundo, esse degrau é a Escandinávia. Para a Colômbia, é a América Latina. E para a Hungria e a Polônia? Na minha emigração, tentei formular a resposta a essa pergunta, e um dos meus textos de então a resume: "Um Ocidente sequestrado ou a tragédia da Europa Central".

A Europa Central. O que é? O conjunto das pequenas nações situadas entre duas potências, a Rússia e a Alemanha. A orla oriental do Ocidente. Tudo bem, mas de que nações estamos falando? Os três países bálticos fazem parte disso? E a Romênia, puxada pela Igreja ortodoxa para leste, e por sua língua latina para oeste? E a Áustria, que durante muito tempo representou o centro político desse conjunto? Os escritores austríacos são estudados exclusivamente no contexto alemão, e não ficariam contentes (eu também não ficaria no lugar deles) de se ver devolvidos a essa multilinguística misturada que é a Europa Central. Todas essas nações, aliás, teriam manifestado uma vontade clara e permanente de criar um conjunto comum? Absolutamente. Durante alguns séculos, a maior parte pertencia a um grande Estado, o Império Habsburgo, do qual no fim elas só queriam fugir.

Minhas observações relativizam o alcance da noção de Europa Central, demonstram seu caráter vago e aproximativo, mas são ao mesmo tempo esclarecedoras. É verdade que é impossível traçar as fronteiras da Europa Central de modo duradouro e com exatidão? Claro! Essas nações nunca foram donas nem de sua sorte, nem de suas fronteiras. Foram raramente sujeito, quase sempre objeto da história. Sua unidade era *não intencional*. Ficavam próximas umas das outras não por vontade, nem por simpatia, nem por proximidade linguística, mas em razão de experiências semelhantes, em razão de situações históricas comuns que as agrupavam, em épocas diferentes, em configurações diferentes e em fronteiras mutantes, jamais definitivas.

A Europa Central não é redutível à "Mittel-Europa" (nunca utilizo esse termo), como gostam de chamá-la, mesmo em suas línguas não germânicas, aqueles que só a conhecem através da janela vienense; ela é *policêntrica* e aparece de um outro prisma vista de Varsóvia, de Budapeste ou de Zagreb. Mas qualquer que seja a perspectiva da qual ela seja vista, transparece uma história comum; da janela tcheca, vejo ali, no meio do século XIV, a primeira universidade centro-europeia em Praga; vejo ali, no século XV, a revolução hussita anunciar a Reforma; vejo ali, no século XVI, o Império Habsburgo se constituir progressivamente da Boêmia, da Hungria, da Áustria; vejo ali guerras que durante dois séculos defenderão o Ocidente contra a invasão turca; vejo ali a Contrarreforma, com a eclosão da arte barroca, que imprime uma unidade arquitetural a todo esse vasto território, até os países bálticos.

O século XIX fez explodir o patriotismo de todos esses povos que se recusavam a deixar-se assimilar, isto é, deixar-se germanizar. Mesmo os austríacos, apesar de sua posição dominante no Império, não podiam escapar à escolha entre a identidade austríaca e a inclusão na grande entidade alemã, na qual eles seriam anulados. E como esquecer o sionismo, nascido ele também na Europa Central, da mesma recusa de assimilação, da mesma vontade dos judeus de viver como nação, com sua própria língua! Um dos problemas fundamentais da Europa, o problema das pequenas nações, não se manifestou em nenhum lugar de maneira tão reveladora, tão concentrada e tão exemplar.

No século XX, após a guerra de 1914, vários Estados independentes haviam surgido sobre as ruínas do Império Habsburgo; e todos menos a Áustria se encontravam, trinta anos depois, sob a dominação da Rússia: eis uma situação inteiramente inédita em toda a história da Europa Central! Seguiu-se um longo período de revoltas antissoviéticas, na Polônia, na Hungria ensanguentada, depois na Tchecoslováquia, e ainda, longa e poderosamente, na Polônia; não vejo nada mais admirável na Europa da segunda metade do século XX do que essa corrente de ouro das revoltas que durante quarenta anos minaram o Império do Leste, tornaram-no ingovernável e fizeram soar as trombetas do fim do seu reinado.

OS CAMINHOS OPOSTOS DA REVOLTA MODERNISTA

Não acredito que se ensinará nas universidades a história da Europa Central como uma disciplina separada; no dormitório do outro mundo, Jan Hus irá respirar os mesmos ares eslavos de Ivan, o Terrível. Aliás, será que eu mesmo falaria nisso algum dia com tanta insistência se não tivesse sido sacudido pelo drama político de meu país natal? Certamente não. Há palavras adormecidas na bruma que, no momento certo, aparecem para nos ajudar. Por sua simples definição, o conceito de Europa Central desmascarou a mentira de Yalta, esse negócio entre os três vencedores da guerra que deslocou a fronteira milenar entre o Leste e o Oeste da Europa muitas centenas de quilômetros para oeste.

A noção de Europa Central veio me ajudar mais uma vez, e por razões que nada tinham a ver com política; isso se deu quando comecei a me espantar com o fato de as expressões "romance", "arte moderna", "romance moderno" significarem para mim coisas diferentes do que significavam para meus amigos franceses. Não era um desacordo; era, muito modestamente, a constatação de uma diferença entre as duas tradições que nos tinham formado. Num curto panorama histórico, as duas culturas surgiram diante de mim como antíteses quase simétricas. Na França: o classicismo, o racionalismo, o espírito libertino e, depois, no século XIX, a época do grande romance. Na Europa Central: o reinado de uma arte barroca particularmente extática e, depois, no século XIX, o idilismo moralizador do Biedermeier, a grande poesia romântica e muito poucos grandes romances. A inegável força da Europa Central residia na música, que desde Haydn até Schoenberg, desde Liszt até Bartók abraçou sozinha, durante dois séculos, todas as tendências essenciais da música europeia; a Europa Central dobrava-se sob a glória de sua música.

O que foi a "arte moderna", essa fascinante tempestade do primeiro terço do século XX? Uma revolta radical contra a estética do passado, é evidente, só que os passados não eram semelhantes. Antirracionalista, anticlassicista, antirrealista, antinaturalista, a arte moderna na França prolongava a grande rebelião lírica de Baudelaire e de Rimbaud. Encontrou sua expressão máxima na pintura e, antes de tudo, na poesia, que era sua arte eleita. O romance, ao contrário, era anatematizado (sobretudo pelos surrealistas), considerado ultrapassado, definitivamente fechado em sua forma convencional. Na Europa Central, a situação era diferente; a oposição à tradição extática, romântica, sentimental, musical conduzia o modernismo de alguns gênios, os mais originais, para a arte que é a esfera privilegiada da análise, da lucidez, da ironia: o romance.

MINHA GRANDE PLÊIADE

Em *O homem sem qualidades* (1930-41), de Robert Musil, Clarisse e Walter, "disparados como duas locomotivas avançando lado a lado", tocavam piano a quatro mãos. "Sentados em seus banquinhos, não estavam irritados, apaixonados ou tristes com nada, ou então cada um com uma coisa diferente", e só "a autoridade da música os unia [...]. Havia ali uma fusão semelhante àquela que acontece nos grandes pânicos, em que centenas de pessoas que um instante antes difeririam em tudo executam os mesmos movimentos, emitem os mesmos gritos absurdos, arregalam os olhos e abrem a boca...". Eles revelavam "essa efervescência agitada, esses movimentos emocionais do ser interior, isto é, essa perturbação nebulosa dos subsolos corporais da alma, com a linguagem do eterno, através da qual todos os homens podem se unir".

Esse olhar irônico não visa unicamente à música; ele vai mais fundo, na direção da *essência lírica* da música, na direção desse encantamento que alimenta as festas e também os massacres e transforma os indivíduos em rebanho extasiado; por essa irritação antilírica, Musil me lembra Franz Kafka, que em seus romances abomina toda gesticulação emocional (o que o distingue radicalmente de todos os expressionistas alemães) e que escreveu *Amerika*, como ele mesmo diz, em oposição ao "estilo transbordante de sentimentos"; com o que Kafka me lembra Hermann Broch, alérgico ao "espírito de ópera", especialmente à ópera de Wagner (esse Wagner tão adorado por Baudelaire, por Proust), que ele toma como o próprio modelo do kitsch (um "kitsch genial", como ele dizia); com o que Broch me lembra Witold Gombrowicz, que em seu famoso texto *Contra os poetas* reagiu ao romantismo desenraizável da literatura polonesa do mesmo modo que à poesia como deusa intocável do modernismo ocidental.

Kafka, Musil, Broch, Gombrowicz... Formariam eles um grupo, uma escola, um movimento? Não; eram uns solitários. Muitas vezes os denominei "a plêiade dos grandes romancistas da Europa Central"; e realmente, tal como os astros de uma plêiade, cada um deles estava cercado pelo vazio, um longe do outro. Parecia-me ainda mais surpreendente que as obras desses autores exprimissem uma orientação estética semelhante: eram todos poetas do romance: apaixonados pela forma e por sua novidade; preocupados com a intensidade de cada palavra, de cada frase; seduzidos pela imaginação, que tenta ultrapassar as fronteiras do "realismo"; mas ao mesmo tempo impermeáveis a qualquer sedução *lírica* — hostis à transformação do romance em confissão pessoal; alérgicos a toda ornamentação da prosa; inteiramente concentrados no mundo real. Todos eles conceberam o romance como uma grande *poesia antilírica*.

KITSCH E VULGARIDADE

A palavra *kitsch* nasce em Munique em meados do século XIX e designa o resíduo xaroposo do grande século romântico. Mas talvez Hermann Broch, que via a ligação do romantismo com o kitsch em proporções quantitativamente inversas, estivesse mais próximo da realidade: segundo ele, o estilo dominante no século XIX (na Alemanha e na Europa Central) era o kitsch, sobre o qual se destacavam, como fenômenos de exceção, algumas grandes obras românticas. Aqueles que conheceram a tirania secular do kitsch (a tirania dos tenores de ópera) sentem uma irritação toda especial contra o véu rosa jogado sobre o real, contra a exibição despudorada do coração que não para de se emocionar, contra "o pão sobre o qual se joga perfume" (Musil); há muito tempo o kitsch se tornara um conceito bastante preciso na Europa Central, onde representa o *mal estético supremo*.

Não suponho que os modernistas franceses tenham cedido à tentação do sentimentalismo e da pompa; mas por não terem uma experiência mais longa do kitsch, a aversão hipersensível a ele não teve a oportunidade de nascer e de se desenvolver entre esses modernistas. Só em 1960, cem anos depois, portanto, de sua aparição na Alemanha, essa palavra foi utilizada na França pela primeira vez; em 1966, o tradutor francês dos ensaios de Broch e mais tarde, em 1974, o dos textos de Hannah Arendt sentiram-se obrigados a traduzir a palavra *kitsch* por "arte de segunda classe", tornando assim incompreensível a reflexão daqueles autores.

Releio *Lucien Leuwen*, de Stendhal, as conversas mundanas de salão; detenho-me nas palavras-chaves que definem diferentes atitudes dos participantes: "vaidade"; "vulgar"; "espírito" ("este ácido de vitríolo que corrói tudo"); "ridículo"; "polidez" ("polidez infinita e nenhum sentimento"); "bem-pensante". E me pergunto: qual é a palavra que exprime o máximo de *reprovação estética*, como a noção de kitsch exprime para mim? Finalmente encontro: é a palavra "vulgar", e também "vulgaridade". "M. Du Poirier era uma pessoa da maior vulgaridade e que parecia se orgulhar de suas maneiras grosseiras e inconvenientes; é assim que o porco chafurda na lama com uma espécie de volúpia insolente para o espectador..."

O desprezo pelo vulgar habitava os salões de antigamente e habita os de hoje. Lembremos a etimologia: "vulgar" vem de *vulgus*, "povo"; é vulgar aquilo que agrada ao povo; um democrata, um homem de esquerda, um ativista dos direitos humanos são obrigados a amar o povo, mas estão livres para desprezá-lo altivamente em tudo o que acharem vulgar nele.

Depois do anátema político lançado sobre ele por Sartre, depois do prêmio Nobel que lhe valeu inveja e ódio, Albert Camus se sentia mal entre os intelectuais parisienses. Contam-me que, além disso, o que mais o prejudicava eram as marcas de vulgaridade associadas à sua pessoa: a origem pobre; a mãe analfabeta; o fato de ter nascido e crescido na

Argélia, simpatizante de outros de sua condição, pessoas de "maneiras muito simples" ("muito grosseiras"); o diletantismo filosófico de seus ensaios; e por aí afora. Ao ler os artigos que tratavam desse linchamento, detenho-me nestas palavras: Camus é um *paysan endimanché* [...] um homem do povo que, com luvas nas mãos, ainda com o chapéu na cabeça, entra pela primeira vez num salão. Os outros convidados se viram, sabem de quem se trata". Essa metáfora é eloquente: não só ele não sabia o que deveria pensar (falava mal do progresso e simpatizava com os franceses da Argélia), como, mais grave ainda, se comportava mal nos salões (no sentido próprio ou figurado), era vulgar.

Não existe na França reprovação estética mais severa. Reprovação por vezes justificável, mas que atinge, contudo, também o melhor: Rabelais. E Flaubert. "O personagem principal de *A educação sentimental*", escreveu Barbey d'Aurevilly, "é antes de tudo a vulgaridade. Na nossa opinião, há no mundo um número suficiente de almas vulgares, espíritos vulgares, coisas vulgares, sem que aumente o número dos que reagem a essas repugnantes vulgaridades."

Penso nas primeiras semanas de minha emigração. Já tendo sido o stalinismo unanimemente condenado, todos estavam preparados para compreender a tragédia que representava para meu país a ocupação russa e me viam envolvido por uma aura de respeitável tristeza. Lembro-me de estar sentado num bar diante de um intelectual parisiense que havia me apoiado e ajudado muito. Era o nosso primeiro encontro em Paris, e no ar acima de nós eu via pairarem grandes expressões: "perseguição", "gulag", "liberdade", "banimento da terra natal", "coragem", "resistência", "totalitarismo", "terror policial". Querendo afastar o kitsch desses espectros solenes, comecei a explicar que o fato de sermos seguidos e haver microfones da polícia dentro dos apartamentos nos ensinara a deliciosa arte da mistificação. Um dos meus camaradas e eu tínhamos trocado de apartamento e também de nome; ele, grande namorador, soberanamente indiferente aos microfones, fizera suas maiores conquistas no meu estúdio. Tendo em vista que o momento mais difícil de uma história de amor é a separação, minha emigração caiu toda em cima dele. Um dia as moças encontraram o apartamento fechado, sem meu nome, enquanto eu estava mandando de Paris, com minha assinatura, pequenas cartas de despedida para sete mulheres que nunca tinha visto.

Queria fazer uma brincadeira com meu amigo, mas ele se entristeceu, e suas palavras me soaram como um golpe de guilhotina: "Não acho nenhuma graça nisso".

Continuamos amigos, porém nunca mais como antes. A lembrança de nosso primeiro encontro me serve de chave para compreender nosso longo desentendimento secreto; o que nos separava era o choque de duas atitudes estéticas: o homem alérgico ao kitsch se confrontava com o homem alérgico à vulgaridade.

O MODERNISMO ANTIMODERNO

"É preciso ser absolutamente moderno", escreve Arthur Rimbaud. Cerca de sessenta anos depois, Gombrowicz não tinha certeza de que realmente fosse preciso. Em *Ferdydurke* (editado na Polônia em 1938), a família Lejeune é dominada pela filha, uma "estudante moderna". Ela é louca por telefone, despreza os autores clássicos e, na presença de um senhor que veio em visita, "limita-se a olhá-lo e, enfiando entre os dentes uma chave de fenda que segurava com a mão direita, estende-lhe a mão esquerda com total desenvoltura".

A mãe também é moderna: é membro do "comitê para a proteção dos recém-nascidos"; milita contra a pena de morte e pela liberdade dos costumes; "ostensivamente, com atitude

desenvolta, vai até o banheiro" para sair de lá "mais orgulhosa do que tinha entrado"; à medida que envelhece, a modernidade torna-se para ela indispensável como único "substitu-
to da juventude".

E o pai? Também é moderno: não pensa nada, mas faz
tudo para agradar à filha e à mulher.

Gombrowicz captou em *Ferdydurke* a mudança fundamental que aconteceu durante o século XX. Até então a humanidade se dividia em duas: aqueles que defendiam o status
quo e aqueles que queriam mudá-lo. Mas a aceleração da história teve suas consequências: antes o homem vivia no mesmo ambiente de uma sociedade que se transformava muito
devagar, mas chega o momento em que, de repente, ele começa a sentir a história mover-se sob seus pés, como uma
esteira rolante: o status quo estava em movimento! De uma
hora para outra, estar de acordo com o status quo era o mesmo que estar de acordo com a história que avança! Enfim,
pudemos ser ao mesmo tempo progressistas e conformistas,
sensatos e revoltados!

Atacado como reacionário por Sartre e seus seguidores,
Camus teve a resposta rápida e justa para aqueles que "volta-
ram suas poltronas na direção da história"; Camus enxergou
certo, só que não sabia que essa preciosa poltrona estava sobre rodas, e que já havia algum tempo todos a empurravam
para a frente, as estudantes modernas, suas mães, seus pais,
assim como todos que combatiam a pena de morte e todos os
membros do comitê para a proteção dos recém-nascidos e,
claro, todos os políticos, que ao empurrar a poltrona viravam
o rosto risonho para o público, que corria atrás deles e também ria, sabendo muito bem que só aquele que se *alegra* em
ser moderno é autenticamente moderno.

Foi então que uma parte dos herdeiros de Rimbaud compreendeu esta coisa inesperada: hoje, o único modernismo
digno desse nome é o modernismo antimoderno.

Parte 3
ADENTRAR A ALMA DAS COISAS

ADENTRAR A ALMA DAS COISAS

"A crítica que faço a seu livro é que o *bem está muito ausente*", diz Sainte-Beuve em sua crítica a *Madame Bovary*. Por que, pergunta ele, não há nesse romance "um só personagem que tenha a natureza de *consolar*, de *descansar* o leitor com um bom espetáculo"? Depois mostra ao jovem autor o caminho a seguir: "Conheci no fundo de uma província no interior da França uma mulher jovem ainda, de inteligência superior, *com um coração ardente*, entediada: casada sem ser mãe, não tendo uma criança para educar, para amar, o que fez ela para preencher seu espírito e sua alma? [...] Tornou-se uma *benfeitora ativa*. Ensinava leitura e *cultura moral* para as crianças do interior, muitas vezes vindas de grandes distâncias. [...] Existem almas assim na vida da província e do campo: por que não mostrá-las também? Isso *eleva*, *consola*, e a visão da humanidade fica mais completa" (grifei as palavras-chaves).

Fico tentado a caçoar dessa lição de moral, que me lembra irresistivelmente as exortações do "realismo socialista" de antigamente. Mas deixando de lado as lembranças, seria tão sem propósito, afinal de contas, que o mais prestigioso crítico francês de sua época exortasse o jovem autor a "elevar" e "consolar" com "um bom espetáculo" seus leitores, que merecem, como todos nós, um pouco de simpatia e de encorajamento? Aliás, George Sand, quase vinte anos depois, numa carta, disse a Flaubert mais ou menos a mesma coisa: por que ele esconde o "sentimento" que tem por seus personagens? Por que não mostra em seu romance sua "doutrina pessoal"? Por que transmite aos leitores a "desolação", enquanto ela, Sand, prefere "consolá-los"? Amigavelmente, ela o recrimina: "A arte não é só crítica e sátira".

Flaubert lhe responde que nunca pretendera fazer nem crítica nem sátira. Ele não escreve romances para comunicar julgamentos aos leitores. Tem algo bem diferente em mente: "Sempre me esforcei para adentrar a alma das coisas...". Sua resposta mostra isso com clareza: o verdadeiro tema desse desentendimento não é o caráter de Flaubert (seria ele bom ou mau, frio ou complacente?), mas a questão do que é o romance.

Durante séculos, a pintura e a música estiveram a serviço da Igreja, o que não as privou absolutamente de sua beleza. Mas colocar o romance a serviço de uma autoridade, por mais nobre que ela seja, seria impossível para um verdadeiro romancista. Que tolice querer glorificar com um romance um Estado, ou seu exército! No entanto, Vladimír Holan, seduzido por aqueles que em 1945 libertaram seu país, escreveu *Os soldados do exército vermelho*, belos e inesquecíveis poemas. Posso imaginar um maravilhoso quadro de Frans Hals mostrando uma "benfeitora ativa" do campo cercada de crianças às quais ensina "a cultura moral", mas só um romancista muito ridículo poderia fazer dessa bondosa senhora uma heroína a fim de *elevar*, com esse belo exemplo, o espírito dos leitores. Pois é preciso não esquecer nunca: as artes não são absolutamente semelhantes; é por uma porta diferente que cada uma delas chega ao mundo. Dessas portas, uma é reservada exclusivamente para o romance.

Digo exclusivamente porque o romance não é para mim um "gênero literário", um galho entre os galhos de uma só árvore. Não compreenderemos nada sobre o romance se lhe contestarmos a Musa própria, se não virmos nele uma arte sui generis, autônoma. O romance tem sua própria gênese (situada no momento que só pertence a ele); tem sua própria história, ritmada por períodos que lhe são próprios (a passagem importante do verso à prosa na evolução da literatura dramática não tem nenhum equivalente na evolução do romance; as histórias dessas duas artes não são sincrônicas); tem sua própria moral (Hermann Broch disse: a única moral do romance é o conhecimento; o romance que não descobre nenhuma parcela até então desconhecida da existência é imoral; portanto, "adentrar a alma das coisas" e dar um bom exemplo são duas intenções diferentes e inconciliáveis); tem uma relação específica com o "eu" do autor (para poder ouvir a voz secreta, apenas audível, "da alma das coisas", o romancista, ao contrário do poeta e do músico, deve saber emudecer os gritos de sua própria alma); tem seu tempo de criação (escrever um romance ocupa toda uma época na vida do autor, que, ao fim do trabalho, não é mais o mesmo que era no começo); ele se abre para o mundo, para além da sua língua nacional (depois que na poesia a Europa juntou a rima ao ritmo, não se pode transplantar a beleza de um verso para outra língua; por outro lado, a tradução fiel de uma obra em prosa é difícil mas possível; no mundo dos romances não existem fronteiras de Estados; os grandes romancistas que queriam conhecer Rabelais o leram, quase todos, em traduções).

O ERRO DO QUAL NUNCA NOS LIVRAMOS

Foi logo depois da Segunda Guerra Mundial que um círculo de brilhantes intelectuais franceses tornou célebre a palavra "existencialismo", batizando assim uma nova orientação não só da filosofia, mas também do teatro e do romance. Teórico das próprias peças de teatro, Sartre, com um grande dom de formular, opõe ao "teatro de personagens" o "teatro de situações". O objetivo, explica ele em 1946, era "explorar todas as situações que são mais comuns à experiência humana", as situações que esclarecem os principais aspectos da condição humana.

Quem não se perguntou um dia: e se eu tivesse nascido noutro lugar, noutro país, noutro tempo, como teria sido minha vida? Essa pergunta contém em si uma das ilusões humanas mais difundidas, a ilusão que nos faz considerar a situação de nossa vida como um simples cenário, uma circunstância contingente e mutável pela qual passa o "eu" independente e constante. Ah, é tão belo imaginar outras vidas, uma dezena de outras vidas possíveis! Mas chega de sonhos! Estamos todos desesperadamente atrelados à data e ao lugar em que aconteceu nosso nascimento. O "eu" é inconcebível fora da situação concreta e única de nossa vida, ele só é compreensível dentro e por causa dessa situação. Se dois desconhecidos não tivessem vindo procurá-lo uma manhã para dizer que ele estava sendo acusado, Josef K. seria alguém completamente diferente daquele que conhecemos.

A personalidade brilhante de Sartre, sua dupla condição de filósofo e de escritor corroboram a ideia segundo a qual a orientação existencial do teatro e do romance do século XX seria decorrente da influência de uma filosofia. Eis aí sempre o mesmo erro do qual nunca nos livramos, o erro dos erros: pensar que a relação entre a filosofia e a literatura se dá num sentido único, que os "profissionais da narrativa", já que são obrigados a ter ideias, não podem fazer mais que tomá-las emprestado aos "profissionais do pensamento". Ora, a transformação que discretamente desviou a arte do romance de sua fascinação *psicológica* (do exame dos personagens) e a orientou para a análise *existencial* (a análise das situações que esclarecem os principais aspectos da condição humana) aconteceu vinte ou trinta anos antes que a moda do existencialismo tomasse conta da Europa, e foi inspirada não pelos filósofos, mas pela lógica da evolução da própria arte do romance.

SITUAÇÕES

Os três romances de Franz Kafka são três variantes da mesma situação: o homem entra em conflito não com outro homem, mas com um mundo transformado numa imensa administração. No primeiro romance (escrito em 1912), o homem se chama Karl Rossmann, e o mundo é a América. No segundo (1917), o homem se chama Josef K., e o mundo é um enorme tribunal que o acusa. No terceiro (1922), o homem se chama K., e o mundo é um vilarejo dominado por um castelo.

Se Kafka se afasta da psicologia para se concentrar no exame de uma situação, isso não quer dizer que os personagens não sejam psicologicamente convincentes, mas que a *problemática* psicológica passou para segundo plano: se K. teve uma infância feliz ou triste, se foi o queridinho da mamãe ou educado num orfanato, se deixou para trás um grande amor ou não, isso não mudará nada nem no seu destino, nem no seu comportamento. É por essa inversão da problemática, por essa outra maneira de interrogar a vida humana, por essa outra maneira de conceber a identidade de um indivíduo que Kafka se distingue não apenas da literatura do passado, como também de seus grandes contemporâneos Proust e Joyce.

"O romance gnosiológico em vez do romance psicológico", escreve Broch numa carta em que explica a poética de *Os sonâmbulos* (escrito entre 1929 e 1932); cada romance dessa trilogia, composta por *1888 — Pasenow ou o romantismo*, *1903 — Esch ou a anarquia*, *1918 — Huguenau ou o realismo* (as datas fazem parte dos títulos), se passa quinze anos depois do precedente, em outro meio, com outro protagonista. O que faz desses três romances (eles nunca são editados separadamente!) uma só obra é uma mesma *situação*, a situação supraindividual do processo histórico que Broch chama de "degradação dos valores", diante da qual cada um dos protagonistas encontra sua própria atitude: primeiro Pasenow, fiel aos valores que, a seus olhos, se preparam para desaparecer; depois Esch, obcecado pela necessidade de valores, mas não sabendo mais como reconhecê-los; e por fim Huguenau, que se acomoda perfeitamente no mundo desprovido de valores.

Sinto-me um pouco embaraçado de colocar Jaroslav Hašek entre esses romancistas que, na minha "história pessoal do romance", considero fundadores do modernismo romanesco; pois para Hašek ser moderno ou não nunca foi importante. Era um escritor popular numa acepção que não existe mais, um escritor vagabundo, um escritor aventureiro, que desprezava o meio literário e era desprezado por ele, autor de um só romance que teve logo um público enorme no mundo inteiro. Dito isso, parece-me ainda mais notável que suas *As aventuras do bom soldado Švejk* (escrito entre 1920 e 1923) reflitam a mesma tendência estética dos romances de Kafka (os dois escritores viveram no mesmo período na mesma cidade) ou de Broch.

"A Belgrado!", grita Švejk que, convocado ao conselho de alistamento, se deixa empurrar numa cadeira de rodas pelas ruas de Praga levando marcialmente duas muletas emprestadas, sob os olhares divertidos dos habitantes da cidade. Era o dia em que o Império Austro-Húngaro declarara guerra à Sérvia, desencadeando assim a grande guerra de 1914 (aquela que irá representar para Broch o desmoronamento de todos os valores e a época final de sua trilogia). Para poder viver sem perigo neste mundo, Švejk exagera a tal ponto sua adesão ao Exército, à pátria, ao imperador, que ninguém pode dizer com certeza se ele é um cretino ou um palhaço. Hašek também não diz; não saberemos nunca o que Švejk pensa quando faz essas idiotices conformistas, e é precisamente por não sabermos que ele nos intriga. Nos painéis publicitários das cervejarias de Praga, o vemos sempre pequeno e gordo, mas era o célebre ilustrador do livro que o imaginava assim, não tendo Hašek jamais dito uma só palavra sobre a aparência física de Švejk. Não sabemos de que família ele saiu. Jamais o vemos com mulher nenhuma. Será que ele não tem? Será que as esconde? Não há respostas. E o que é mais interessante ainda: não há perguntas! Quero dizer: para nós realmente dá no mesmo que Švejk ame as mulheres ou não.

Eis uma mudança estética tão discreta quanto radical: para que um personagem seja "vivo", "forte", artisticamente "bem-sucedido", não é necessário fornecer toda a informação possível sobre ele; é inútil dar a entender que ele é tão real quanto você e eu; para que seja forte e inesquecível, basta que preencha todo o espaço da situação que o romancista criou para ele. (Nesse novo clima estético, o romancista se compraz até em lembrar de tempos em tempos que nada daquilo que ele conta é real, que é tudo invenção sua — como Fellini, que, no fim de *E la nave va*, nos faz ver os bastidores e todos os mecanismos de seu teatro de ilusões.)

AQUILO QUE SÓ O ROMANCE PODE DIZER

A ação de *O homem sem qualidades* acontece em Viena, mas esse nome não é pronunciado no romance, se não me engano, mais que duas ou três vezes. Como a topografia de Londres outrora em Fielding, a vienense não é sequer mencionada, muito menos descrita. E qual é essa cidade anônima onde se dá o encontro tão importante de Ulrich e sua irmã Agatha? Vocês não podem saber; a cidade se chama, em tcheco, Brno, em alemão, Brünn; eu a reconheci facilmente por causa de certos detalhes, porque foi lá que nasci; mal disse isso e me censuro por ter agido contra a intenção de Musil; intenção? que intenção? teria ele algo a esconder? mas não; sua intenção era puramente estética: não se concentrar senão no essencial; não desviar a atenção do leitor para considerações geográficas inúteis.

Vemos muitas vezes o sentido do modernismo no esforço de cada uma das artes para se aproximar o mais possível de sua especificidade, de sua essência. Assim a poesia lírica rejeitou tudo o que era retórico, didático, embelezador, para fazer jorrar a fonte pura da fantasia poética. A pintura renunciou à sua função documentária, mimética, a tudo o que podia ser expressado por outro meio (por exemplo, a fotografia). E o romance? Ele também se recusa a ficar como ilustração de uma época histórica, como descrição de uma sociedade, como defesa de uma ideologia, e se coloca a serviço exclusivo "daquilo que só o romance pode dizer".

Lembro-me da novela de Kenzaburo Oe *Tribo berrante* (escrita em 1958): num ônibus noturno, cheio de japoneses, sobe um grupo de soldados bêbados, pertencentes a um exército estrangeiro, que começam a aterrorizar um viajante, um estudante. Eles o forçam a tirar as calças e mostrar o traseiro. O estudante percebe os risos disfarçados ao redor. Mas os soldados não se satisfazem apenas com essa vítima, e obrigam a metade dos passageiros a fazer o mesmo. O ônibus para, os soldados descem, e os que tinham tirado as calças tornam a colocá-las. Os outros acordam da sua passividade e obrigam os humilhados a denunciar à polícia o comportamento dos soldados estrangeiros. Um deles, um professor, agarra-se a um estudante: desce com ele, acompanha-o até sua casa, quer saber seu nome para tornar pública sua humilhação e acusar os estrangeiros. Tudo termina com uma explosão de raiva entre eles. Magnífica história de covardia, de pudor, de indiscrição sádica que quer passar por amor pela justiça... Mas menciono essa novela apenas para perguntar: quem são esses soldados estrangeiros? Claro, são americanos que, depois da guerra, ocupavam o Japão. Se o autor fala, nominalmente, de viajantes "japoneses", por que não indica a nacionalidade dos soldados? Censura política? Efeito de estilo? Não. Imaginem se durante toda a novela os viajantes *japoneses* tivessem se confrontado com soldados *americanos*! Sob o poder dessa única palavra, claramente pronunciada, a trama seria reduzida a um texto político, a uma acusação aos ocupantes. Basta renunciar a esse adjetivo para que o aspecto político se cubra de uma ligeira penumbra e a luz focalize o principal enigma que interessa ao romancista, o *enigma existencial*.

Pois a história, com seus movimentos, guerras, revoluções e contrarrevoluções, humilhações nacionais, não interessa por si mesma ao romancista, como se fosse um objeto a ser pintado, denunciado, interpretado; o romancista não é um valete dos historiadores; se a história o fascina, é porque ela é como um projetor que gira em torno da existência humana e lança uma luz sobre ela, sobre suas possibilidades inesperadas, que em tempos tranquilos, quando a história fica imóvel, não se realizam, permanecendo invisíveis e desconhecidas.

OS ROMANCES QUE PENSAM

O imperativo que exorta o romancista a "concentrar-se no essencial" (naquilo que "só o romance pode dizer") não daria razão àqueles que recusam as reflexões do autor como um elemento estranho à forma do romance? Na verdade, se um romancista recorre a meios que não são propriamente seus, pertencentes mais ao erudito e ao filósofo, não poderia ser um sinal de sua incapacidade de ser plenamente romancista e só romancista, um sinal de fraqueza artística? E mais: não há o risco de as intervenções meditativas transformarem as ações dos personagens numa simples ilustração das teses do autor? E ainda: a arte do romance, com seu sentido da relatividade das verdades humanas, não exige que a opinião do autor permaneça escondida e que toda reflexão seja reservada apenas ao leitor?

A resposta de Broch e de Musil não poderia ter sido mais clara: por uma grande porta aberta, eles fizeram entrar o pensamento no romance como nunca antes alguém conseguira. O ensaio intitulado "A degradação dos valores", inserido em *Os sonâmbulos* (ele ocupa dez capítulos espalhados no terceiro romance da trilogia), é uma sequência de análises, de meditações, de aforismos sobre a situação espiritual da Europa no decorrer de três décadas; impossível afirmar que esse ensaio seja impróprio à forma do romance, pois é ele que esclarece o painel sobre o qual se quebram os destinos dos três protagonistas, é ele que reúne, assim, os três romances num só. Eu jamais conseguiria acentuar isso o bastante: integrar num romance uma reflexão intelectualmente tão exigente e fazer dela, de modo tão belo e musical, uma parte indissociável da composição é uma das inovações mais audaciosas que um romancista ousou fazer na época da arte moderna.

Mas há algo mais importante a meus olhos: nesses dois vienenses, a reflexão já não é vista como um elemento excepcional, uma interrupção; é difícil chamá-la de "digressão", porque nesses *romances que pensam* ela está presente *sem cessar*, mesmo quando o romancista conta uma ação ou descreve um rosto. Tolstói ou Joyce nos fizeram ouvir as frases que passavam pela cabeça de Anna Kariênina ou de Molly Bloom; Musil nos diz o que ele mesmo pensa quando pousa seu demorado olhar sobre Leon Fischel e suas aventuras noturnas:

Os quartos de dormir conjugais, quando estão no escuro, colocam o homem na situação de um ator que tem de representar diante de uma plateia invisível o papel poderoso, mas um pouco gasto, do herói que lembra um leão rugindo. Ora, há muitos anos o auditório obscuro de Leon não demonstrava diante desse exercício nem o mais leve aplauso, nem o menor sinal de desaprovação, e pode-se dizer que havia nisso razão suficiente para abalar os nervos mais sólidos. De manhã, durante o café, Clementine estava rígida como um cadáver gelado, e Leon, tremendo de nervoso. A própria filha deles, Gerda, percebia isso todo dia, e passou a imaginar desde então a vida conjugal, com horror e um amargo desgosto, como uma batalha de gatos no negrume da noite.

É assim que Musil adentra a "alma das coisas", isto é, a "alma do coito" do casal Fischel. Com o flash de uma só metáfora, *metáfora que pensa*, ele ilumina a vida sexual do casal, presente e passado, e até a vida futura da filha. Assinalemos: a reflexão romanesca, tal como Broch e Musil a introduziram na estética do romance moderno, não tem nada a ver com a de um cientista ou a de um filósofo; eu diria mesmo que ela é intencionalmente afilosófica, até antifilosófica, isto é, violentamente independente de todo sistema de ideias preconcebidas; ela não julga, não proclama verdades, ela se pergunta, se espanta, ela sonda; sua forma é das mais diversas: metafórica, irônica, hipotética, hiperbólica, aforística, engraçada, provocadora, fantasista; e sobretudo: ela não deixa nunca o círculo mágico da vida dos personagens; é a vida dos personagens que a alimenta e justifica.

Ulrich se encontra no gabinete ministerial do conde Leinsdorf no dia de uma grande manifestação. Manifestação? Contra o quê? Essa informação é dada, mas é secundária; o que importa é o fenômeno da manifestação em si mesmo: o que significa manifestação de rua, o que significa essa atividade coletiva tão sintomática do século XX? Estupefato, Ulrich olha os manifestantes pela janela; quando chegam perto do palácio, levantam o rosto possuído pela raiva, brandindo pedaços de pau, mas "alguns passos adiante, numa esquina, no lugar onde a manifestação parecia se perder nos bastidores, a maioria já tirava a maquiagem; teria sido absurdo continuar a assumir aquele ar ameaçador na ausência de espectadores". Sob a luz dessa metáfora, os manifestantes não são homens encolerizados, são *comediantes* da cólera! Assim que termina a representação, eles têm pressa de "tirar a maquiagem"! Muito antes que os cientistas políticos fizessem disso seu tema predileto, a "sociedade do espetáculo" já fora radiografada, graças a um romancista, à sua "rápida e sagaz penetração" (Fielding) da essência de uma situação.

O homem sem qualidades é uma incomparável enciclopédia existencial de todo um século; quando quero reler esse livro, tenho o hábito de abri-lo ao acaso, em qualquer página, sem me importar com o que vem antes nem com o que se segue; mesmo se a *story* está presente, ela avança devagar, discretamente, sem querer toda a atenção para si; cada capítulo *em si mesmo* é uma surpresa, uma descoberta. A onipresença do pensamento não tirou em absoluto do romance o caráter de romance; ela enriqueceu a forma e aumentou imensamente o domínio daquilo que *só o romance pode descobrir e dizer.*

A FRONTEIRA DO INVEROSSÍMIL JÁ NÃO É VIGIADA

Duas grandes estrelas iluminaram o céu acima do romance do século XX: a do surrealismo, com o encantador apelo da fusão de sonho e realidade; e a do existencialismo. Kafka morreu muito cedo para poder conhecer os autores e os programas dessas correntes. No entanto, e é notável, os romances que escreveu anteciparam essas duas tendências estéticas e, o que é duplamente surpreendente, ligaram uma à outra, colocando-as numa mesma perspectiva. Quando Balzac ou Flaubert ou Proust querem descrever o comportamento de um indivíduo num meio social concreto, toda transgressão da verossimilhança fica deslocada e esteticamente incoerente; mas quando o romancista focaliza seu objetivo sobre uma problemática existencial, a obrigação de criar para o leitor um mundo verossímil não se impõe mais como regra e necessidade. O autor pode se permitir ser muito mais negligente em relação a esse aparato de informações, de descrições, de motivações que devem dar ao que ele conta a aparência de realidade. E em casos-limites ele pode até achar vantajoso situar os personagens num mundo francamente inverossímil.

Depois que Kafka a atravessou, a fronteira da inverossimilhança ficou sem polícia, sem alfândega, aberta para sempre. Foi um grande momento na história do romance; e para não haver enganos nesse sentido, previno que os românticos alemães do século XIX não foram os precursores. A fantástica imaginação deles tinha outra significação: desviada da vida real, estava à procura de uma outra vida; não tinha muita coisa a ver com a arte do romance. Kafka não era romântico. Novalis, Tieck, Arnim, E. T. A. Hoffmann não eram seus amores. Era Breton que adorava Arnim, não Kafka. Jovem, com o amigo Brod, Kafka leu Flaubert apaixonadamente em francês. Ele o estudou. Flaubert, o grande observador, foi o seu mestre.

Quanto mais se observa uma realidade com atenção e obstinação, mais se compreende que ela não corresponde à ideia que todo mundo faz a seu respeito; sob o demorado olhar de Kafka, ela se revela cada vez mais desarrazoada, portanto irracional, inverossímil. E foi esse olhar ávido pousado demoradamente sobre o mundo real que conduziu Kafka, e outros grandes romancistas depois dele, para além da fronteira do verossímil.

EINSTEIN E KARL ROSSMANN

Piadas, anedotas, histórias engraçadas, não sei que palavra escolher para esse gênero de relato cômico extremamente curto do qual outrora me beneficiei grandemente, pois Praga era a sua metrópole. Piadas políticas. Piadas sobre judeus. Piadas sobre camponeses. E sobre médicos. E ainda um curioso gênero de piadas sobre professores sempre extravagantes e sempre munidos, não sei por quê, de um guarda-chuva.

Einstein acabara de terminar sua aula na Universidade de Praga (sim, ele ensinou ali durante algum tempo) e preparava-se para sair. "Senhor professor, pegue o guarda-chuva, está chovendo!" Einstein contempla pensativo o guarda-chuva num canto da sala e responde ao estudante: "Sabe, meu caro amigo, esqueço o guarda-chuva muitas vezes, por isso tenho dois. Um está em casa, o outro guardo na universidade. Claro, poderia levá-lo agora, já que você, muito pertinentemente, me diz que está chovendo. Mas nesse caso acabaria ficando com dois guarda-chuvas em casa e nenhum aqui". Depois dessas palavras, ele sai debaixo de chuva.

Amerika, de Kafka, começa com o mesmo motivo do guarda-chuva incômodo, excessivo, sempre perdido; Karl Rossmann, carregando uma pesada mala no meio da multidão, está saindo de um navio no porto de Nova York. De repente, lembra-se do guarda-chuva que esqueceu no fundo do navio. Deixa a mala com um rapaz que conheceu durante a viagem e, como a passagem atrás dele está bloqueada pela multidão, desce uma escada que não conhece e se enfia pelos corredores; finalmente bate à porta de uma cabine, onde encontra um homem, o marinheiro encarregado do carvão no navio, que se dirige a ele queixando-se dos patrões; como a conversa dura certo tempo, o marinheiro convida Karl a subir no beliche, para maior comodidade.

A impossibilidade psicológica dessa situação salta aos

olhos. Na realidade, aquilo que nos contam não é verdade! É uma brincadeira no fim da qual, claro, Karl ficará sem mala e sem guarda-chuva! Sim, é uma brincadeira; só que Kafka não conta como se conta uma brincadeira; ele expõe longamente, com detalhes, explicando cada gesto de modo que tudo pareça psicologicamente possível; Karl sobe com dificuldade no beliche e, desajeitado, ri da própria falta de jeito; depois de conversar demoradamente sobre as humilhações sofridas pelo marinheiro, ele diz de súbito com surpreendente lucidez que teria sido melhor "procurar a mala do que ficar ali dando conselhos...". Kafka coloca sobre o inverossímil a máscara do verossímil, o que dá a esse romance (como a todos os seus romances) um charme mágico inimitável.

ELOGIO DAS BRINCADEIRAS

Piadas, anedotas, histórias engraçadas; elas são a melhor prova de que o sentido agudo da realidade e a imaginação que se aventura no inverossímil podem formar um casal perfeito. Panurge não conhece nenhuma mulher com quem quisesse se casar; no entanto, espírito lógico, teórico, sistemático, previdente, decide resolver na mesma hora, de uma vez por todas, a questão fundamental de sua vida: deve ou não se casar? Ele corre de um especialista a outro, do filósofo ao jurista, da vidente ao astrólogo, do poeta ao teólogo, para chegar, depois de muita pesquisa, à certeza de que não há resposta para a pergunta das perguntas. Todo o *Tiers livre* fala apenas dessa atividade inverossímil, dessa brincadeira, que se transforma em longa viagem cômica através do conhecimento da época de Rabelais. (O que me faz pensar que, trezentos anos depois, *Bouvard e Pécuchet* seja também uma brincadeira que se prolonga numa viagem através do conhecimento de uma época.)

Cervantes só escreve a segunda parte de *Dom Quixote* quando a primeira já tinha sido publicada e era conhecida havia muitos anos. Isso lhe sugere uma ideia esplêndida: os personagens que Dom Quixote encontra reconhecem nele o herói vivo do livro que leram; discutem com ele as aventuras passadas e lhe dão a oportunidade de comentar a própria imagem literária. Claro, isso não é possível! É pura fantasia! Uma brincadeira!

Depois, um acontecimento inesperado assusta Cervantes; outro escritor, um desconhecido, adiantou-se a ele, publicando uma continuação de sua autoria das aventuras de Dom Quixote. Enfurecido, Cervantes lhe dirige, nas páginas da segunda parte que está escrevendo, injúrias ferozes. Mas logo aproveita esse incidente sujo para criar, a partir dele, outra fantasia: depois de todas as desgraças que viveu, Dom Quixote e Sancho Pança, cansados, tristes, já estão de volta a sua cidade quando conhecem um certo Álvaro, um personagem do maldito plagiário; Álvaro se espanta ao ouvir os nomes deles, uma vez que conhece intimamente outro Dom Quixote muito diferente e outro Sancho Pança também muito diferente! O encontro acontece algumas páginas antes do fim do romance: um tête-à-tête desencontrado dos personagens com os próprios espectros; a prova final da falsidade de tudo; a melancólica luz lunar da última brincadeira, a brincadeira do adeus.

Em *Ferdydurke*, de Gombrowicz, o professor Pimko decide transformar Jojo, um homem de trinta anos, num adolescente de dezesseis, forçando-o a passar todos os seus dias num banco de ginásio, colegial entre colegiais. A situação burlesca encerra uma questão na verdade bastante profunda: um adulto ao qual todos se dirigem sistematicamente como a um adolescente acabaria por perder a consciência de sua idade real? Falando mais claramente: o homem acabaria ficando como os outros o viam e tratavam, ou poderia encontrar forças para preservar, apesar de tudo e contra todos, sua identidade?

Basear um romance numa anedota deve parecer aos leitores de Gombrowicz a provocação de um modernista. Com toda a razão: era mesmo. No entanto, ela está enraizada num passado bem distante. Na época em que a arte do romance não estava ainda segura nem de sua identidade, nem de seu nome, Fielding a denominou *relato prosai-comi-épico*; é preciso guardar isso sempre na mente: o cômico era uma das três fadas míticas debruçadas sobre o berço do romance.

A HISTÓRIA DO ROMANCE VISTA DO ATELIÊ DE GOMBROWICZ

Um romancista que fala da arte do romance não é um professor discorrendo de sua cátedra. Vamos imaginá-lo mais como um pintor que o recebe em seu ateliê, onde, de todos os lados, os quadros, encostados nas paredes, olham para você. Ele falará de si mesmo, mas ainda mais dos outros, dos romances que ama e que estão secretamente presentes na sua própria obra. Segundo seus critérios de valor, ele irá remodelar diante de você todo o *passado* da história do romance, e com isso fará que você descubra sua própria poética do romance, que não pertence senão a ele e naturalmente, portanto, se opõe à poética de outros escritores. Assim, você terá a impressão de descer, surpreso, ao porão da história, no qual o futuro do romance está se decidindo, se transformando, se fazendo, em lutas, em conflitos, em confrontos.

Em 1953, Witold Gombrowicz, no primeiro ano de seu *Diário* (ele irá escrevê-lo durante os dezesseis anos seguintes, até sua morte), cita a carta de um leitor: "Sobretudo não comente nada de você mesmo! Escreva apenas! Que pena que aceite a provocação de escrever prefácios para suas obras, prefácios e até comentários!". Sobre isso, respondeu que continuaria a se explicar "o mais possível e enquanto pudesse", pois um escritor incapaz de falar de seus livros não é "um escritor completo". Fiquemos um pouco no ateliê de Gombrowicz. Eis a lista de seus amores e de seus não amores, "sua versão pessoal da história do romance":

Acima de tudo, ele ama Rabelais. (Os livros sobre Gargântua e Pantagruel são escritos no momento em que o romance europeu está nascendo, distanciado ainda de todas as normas; transbordam de possibilidades que a futura história do romance realizará ou abandonará, mas que continuam todas conosco como inspirações: passeios pelo improvável, provocações intelectuais, liberdade da forma. A paixão por Rabelais revela o senso de modernismo de Gombrowicz: ele não recusa a tradição do romance, reivindica-a; mas a reivindica *inteira*, com atenção particular para o momento miraculoso de sua gênese.)

É meio indiferente a Balzac. (Defende-se contra sua poética construída nos entretempos como modelo normativo do romance.)

Gosta de Baudelaire. (Adere à revolução da poesia moderna.)

Não é fascinado por Proust. (Uma bifurcação: Proust foi até o fim de uma grandiosa viagem da qual esgotou todas as possibilidades; possuído pela busca do novo, Gombrowicz só podia tomar outro caminho.)

Não tem afinidades com quase nenhum romancista contemporâneo. (Os romancistas têm muitas vezes lacunas incríveis em suas leituras: Gombrowicz não leu nem Broch, nem Musil; irritado com os esnobes que se apossaram de Kafka, não sentia nenhuma atração por ele; não tem nenhuma afinidade com a literatura latino-americana; caçoou de Borges, muito pretensioso para o seu gosto, e viveu na Argentina num isolamento no qual, entre os grandes, só Ernesto Sabato se interessou por ele, e foi correspondido nessa simpatia.)

Não gosta da literatura polonesa do século XIX. (É romântica demais para ele.)

Em geral, é reservado em relação à literatura polonesa. (Sentia-se pouco amado por seus compatriotas, portanto sua reserva não é um ressentimento, ela exprime o horror de ficar encerrado na camisa de força do *pequeno contexto*. Diz do poeta polonês Tuwim: "De cada um de seus poemas podemos dizer que é 'maravilhoso', mas se nos perguntarem de que elemento Tuwim enriqueceu a poesia mundial, não saberemos realmente responder".)

Gosta da vanguarda dos anos 20 e 30. (Desconfiado em relação a sua ideologia "progressista", a seu "modernismo pró-moderno", compartilha de sua sede de formas novas, de sua liberdade de imaginação. Recomenda a um jovem autor: primeiro escrever vinte páginas sem nenhum controle racional, depois reler com aguçado espírito crítico, guardar o essencial e continuar assim. Como se quisesse atrelar, na charrete do romance, um cavalo selvagem chamado "embriaguez" ao lado de um cavalo treinado chamado "lucidez".)

Despreza a "literatura engajada". (Fato interessante: ele não polemiza muito contra os autores que subordinam a literatura à luta anticapitalista. O paradigma de arte engajada é para ele, autor proibido em sua Polônia comunista, a literatura que marcha sob a bandeira do anticomunismo. Desde o primeiro ano do *Diário*, censura seu maniqueísmo, suas simplificações.)

Não gosta da vanguarda dos anos 50 e 60 na França, notadamente do nouveau roman *e da "nova crítica" (Roland Barthes)*. (Sobre o *nouveau roman*: "É pobre. É monótono... Solipsismo. Onanismo...". Sobre a "nova crítica": "Quanto mais erudita, mais boba". Ficava irritado com o dilema diante do qual essas novas vanguardas colocavam os escritores: ou bem o modernismo à moda deles (esse modernismo que ele considera cheio de jargões, universitário, doutrinário, destituído de contato com a realidade), ou bem a arte convencional, que reproduz ao infinito as mesmas formas. Ora, o modernismo significa para Gombrowicz: com novas descobertas, avançar na *estrada herdada*. Enquanto ainda é possível. Enquanto a estrada herdada do romance ainda existir.

OUTRO CONTINENTE

Fazia três meses que o Exército russo invadira a Tchecoslováquia; a Rússia ainda não era capaz de dominar a sociedade tcheca, que vivia em angústia, mas (por alguns meses ainda) com muita liberdade; a União dos Escritores, acusada de ser a sede da contrarrevolução, conservava sempre suas casas, editava suas revistas, acolhia convidados. Foi então que, a convite dela, chegaram a Praga três romancistas latino-americanos, Julio Cortázar, Gabriel García Márquez e Carlos Fuentes. Chegaram discretamente, como escritores. Para ver. Para compreender. Para encorajar os companheiros tchecos. Passei com eles uma semana inesquecível. Ficamos amigos. E foi logo depois da partida deles que pude ler as provas da edição tcheca de *Cem anos de solidão*.

Pensei na maldição que o surrealismo havia lançado sobre a arte do romance, que tinha estigmatizado como antipoético, fechado a tudo que fosse imaginação livre. Ora, o romance de García Márquez não é senão imaginação livre. Uma das maiores obras de poesia que conheço. Cada frase separadamente brilha de fantasia, cada frase é surpresa, deslumbramento: uma resposta cortante ao desprezo pelo romance proclamado no *Manifesto do surrealismo* (e ao mesmo tempo uma grande homenagem ao surrealismo, à sua inspiração, ao seu sopro que atravessou o século).

É também a prova de que a poesia e o lirismo não são noções irmãs, mas noções que precisam ser mantidas à distância uma da outra. Pois a poesia de García Márquez não tem nada a ver com o lirismo; o autor não se confessa, não abre sua alma, só fica embriagado pelo mundo objetivo, que eleva a uma esfera em que tudo é ao mesmo tempo real, inverossímil e mágico.

E mais: todo grande romance do século XIX fez da cena o elemento fundamental da composição. O romance de García Márquez se encontra numa estrada que caminha na direção oposta: em *Cem anos de solidão* não há cenas! Elas são completamente diluídas em fluxos embriagadores na narrativa. Não conheço nenhum outro exemplo de tamanho estilo. Como se o romance retrocedesse séculos na direção de um narrador que não descreve nada, que só faz contar, mas conta com uma liberdade de fantasia que nunca se viu antes.

A PONTE PRATEADA

Alguns anos depois do encontro de Praga, mudei-me para a França, onde, o acaso assim quis, Carlos Fuentes era embaixador do México. Eu morava na época em Rennes, e durante minhas curtas estadas em Paris ficava com ele numa mansarda da embaixada, e tomava com ele cafés da manhã que se prolongavam em discussões sem fim. De repente, vi minha Europa Central na vizinhança inesperada da América Latina; duas orlas do Ocidente situadas em extremidades opostas; duas terras negligenciadas, desprezadas, abandonadas, duas terras párias; e as duas partes do mundo mais profundamente marcadas pela experiência traumatizante do barroco. Digo traumatizante porque o barroco chegou à

América Latina como a arte do conquistador, e ao meu país natal, trazido por uma Contrarreforma especialmente sangrenta, que incitou Max Brod a chamar Praga de "cidade do mal"; eu vi duas partes do mundo iniciadas na misteriosa aliança do mal e da beleza.

Conversávamos, e uma ponte prateada, leve, trêmula, cintilante, erguia-se como um arco-íris acima do século entre minha pequena Europa Central e a imensa América Latina; uma ponte que ligava as estátuas extáticas de Matyáš Braun em Praga e as igrejas enlouquecidas do México.

E pensei também em outra afinidade entre nossas terras natais: elas ocuparam um lugar-chave na evolução do romance do século XX: primeiro, os romancistas centro-europeus dos anos 1920 e 1930 (Carlos me falava de *Os sonâmbulos*, de Broch, como o melhor romance do século); depois, uns vinte, trinta anos mais tarde, os romancistas latino-americanos, meus contemporâneos.

Um dia, descobri os romances de Ernesto Sabato; em *Abaddón, o exterminador* (1974), transbordando de reflexões como outrora os romances dos dois grandes vienenses [Broch e Musil], ele diz textualmente: no mundo moderno, abandonado pela filosofia, fracionado por centenas de especializações científicas, o romance nos resta como o último observatório do qual se pode abraçar a vida humana como um todo.

Meio século antes dele, do outro lado do planeta (a ponte prateada não parava de vibrar acima da minha cabeça), o Broch de *Os sonâmbulos*, o Musil de *O homem sem qualidades* pensaram a mesma coisa. Na época em que os surrealistas elevavam a poesia à categoria de a primeira das artes, eles concediam esse lugar supremo ao romance.

Parte 4
O QUE É UM ROMANCISTA?

PARA COMPREENDER, É PRECISO COMPARAR

Quando Hermann Broch quer definir um personagem, mostra primeiro a atitude essencial, para abordar em seguida, progressivamente, os traços particulares. Do abstrato, passa para o concreto. Esch é o protagonista do segundo romance de *Os sonâmbulos*. Na essência, diz Broch, é um rebelde. O que é um rebelde? A melhor maneira de compreender um fenômeno, diz ainda Broch, é compará-lo. Broch compara o rebelde ao criminoso. O que é um criminoso? É um conservador que conta com a ordem tal qual ela é e nela quer se instalar, considerando seus roubos e fraudes um ofício que faz dele um cidadão como todos os outros. O rebelde, ao contrário, combate a ordem estabelecida para submetê-la à sua própria dominação. Esch não é um criminoso. É um rebelde. Rebelde, diz Broch, como foi Lutero. Mas por que será que falo de Esch? É o romancista que me interessa! A quem compará-lo?

O POETA E O ROMANCISTA

A quem comparar o romancista? Ao poeta lírico. O conteúdo da poesia lírica, diz Hegel, é o próprio poeta; ele empresta a palavra ao seu mundo interior para despertar assim nos ouvintes os sentimentos, os estados de alma que vivencia. E mesmo que o poema trate de temas "objetivos", exteriores à sua vida, "o grande poeta lírico se afastará deles muito depressa e acabará fazendo um retrato de si mesmo" (*stellt sich selber dar*).

A música e a poesia têm uma vantagem sobre a pintura: o lirismo (*das Lyrische*), diz Hegel. E no lirismo, continua ele, a música pode ir ainda mais longe que a poesia, pois é capaz de apreender os movimentos mais secretos do mundo interior, inacessíveis à palavra. Existe, portanto, uma arte, no caso da música, que é mais lírica que a própria poesia lírica. Podemos deduzir que a noção de lirismo não se limita a um ramo da literatura (a poesia lírica), mas designa certa maneira de ser, e desse ponto de vista o poeta lírico não é senão a encarnação mais exemplar do homem encantado pela própria alma e pelo desejo de fazer com que ela seja ouvida.

Há muito tempo, a juventude é para mim a *idade lírica*, isto é, a idade em que o indivíduo, concentrado quase exclusivamente em si mesmo, é incapaz de ver, de compreender, de julgar com lucidez o mundo em torno de si. Se partirmos dessa hipótese (necessariamente esquemática, mas que como esquema me parece justa), a passagem da imaturidade à maturidade é a superação da atitude lírica.

Se imagino a gênese de um romancista na forma de um relato exemplar, de um "mito", essa gênese me aparece como a *história de uma conversão*; Saulo torna-se Paulo; o romancista nasce sobre as ruínas de seu mundo lírico.

HISTÓRIA DE UMA CONVERSÃO

Apanho na minha biblioteca *Madame Bovary*, na edição de bolso de 1972. Nela há dois prefácios, um de um escritor, Henry de Montherlant, o outro de um crítico literário, Maurice Bardèche. Ambos acharam de bom gosto mostrar-se distantes em relação ao livro cuja antecâmara invadem. Montherlant: "Nem espírito [...] nem novidade de pensamento [...] nem brilho de linguagem, nem sondagens imprevistas e profundas no coração humano, nem novidades de expressão, nem raça, nem graça: falta gênio a Flaubert a um ponto inacreditável". Sem dúvida nenhuma, continua Montherlant, pode-se aprender alguma coisa com ele, mas desde que não se lhe atribua valor maior do que tem e desde que se saiba que ele não é "da mesma matéria que um Racine, um Saint-Simon, um Chateaubriand, um Michelet".

Bardèche confirma esse veredicto e conta a gênese do Flaubert romancista: em setembro de 1848, com a idade de 27 anos, ele leu para um pequeno grupo de amigos o manuscrito de *As tentações de santo Antão*, sua "grande prosa romântica", na qual (cito sempre Bardèche) ele "colocou todo o seu coração, todas as suas ambições", todo o seu "grande pensamento". A condenação é unânime, e seus amigos o aconselham a se desfazer dos "voos românticos", dos "grandes movimentos líricos". Flaubert obedece, e três anos mais tarde, em setembro de 1851, começa a escrever *Madame Bovary*. Faz isso "sem prazer", diz Bardèche, como uma "penitência" contra a qual "não para de praguejar e gemer" em suas cartas: "Bovary me exaure, Bovary me aborrece, a vulgaridade do assunto me dá náuseas" etc.

A DOCE ILUMINAÇÃO DO CÔMICO

Depois de uma noitada mundana passada na presença de Madame Arnoux, por quem está apaixonado, Frédéric, de *A educação sentimental*, inebriado com seu futuro, volta para casa e para diante de um espelho. Cito: "Ele se achou bonito — e ficou um minuto se olhando".

"Um minuto." Nessa medida tão precisa de tempo está toda a enormidade da cena. Ele para, se olha, se acha bonito. Durante um minuto inteiro. Sem se mexer. Está apaixonado, mas não pensa naquela que ama, deslumbrado que está consigo mesmo. Olha-se no espelho. Mas não se vê olhando-se no espelho (como Flaubert o vê). Está fechado no eu lírico e não sabe que a doce iluminação do cômico pousou sobre ele e sobre seu amor.

A conversão antilírica é uma experiência fundamental no curriculum vitae do romancista; distanciado de si mesmo, vê-se de repente à distância, surpreso de não ser aquele por quem se tomava. Depois dessa experiência, saberá que nenhum homem é quem acha que é, que esse mal-entendido é geral, elementar, e projeta sobre as pessoas (por exemplo, sobre Frédéric plantado diante do espelho) a doce iluminação do cômico (essa iluminação do cômico, subitamente descoberta, é a recompensa, discreta e preciosa, de sua conversão).

Emma Bovary, perto do fim de sua história, depois de ter sido repelida pelos banqueiros, abandonada por Leon, sobe no coche. Diante da portinhola aberta, um mendigo "emitia um grito surdo". Nesse momento, ela "entrega a ele, por cima do ombro, uma moeda de cinco francos. Era toda a sua fortuna. *Pareceu-lhe belo jogá-la fora assim*".

Era realmente toda a sua fortuna. Chegara ao limite. Mas a última frase, que coloquei em itálico, revela algo que Flaubert viu bem, mas de que Emma não estava consciente: não foi só um gesto generoso, ela sentiu prazer em fazê-lo; mesmo nesse momento de autêntico desespero, Emma não deixou de exibir seu gesto, inocentemente, para si mesma, querendo parecer bela. Um clarão de terna ironia não a deixará mais, mesmo durante sua caminhada em direção à morte já tão próxima.

A CORTINA RASGADA

Uma cortina mágica, tecida de lendas, estava suspensa diante do mundo. Cervantes mandou Dom Quixote viajar e rasgou essa cortina. O mundo se abriu diante do cavaleiro errante em toda a nudez cômica de sua prosa.

Assim como uma mulher que se maquia antes de sair apressada para o primeiro encontro, o mundo, quando corre em nossa direção no momento em que nascemos, já está maquiado, mascarado, *pré-interpretado*. E os conformistas não serão os únicos a ser enganados; os seres rebeldes, ávidos de se opor a tudo e a todos, não se dão conta do quanto também estão sendo obedientes, não se revoltarão a não ser contra o que é interpretado (pré-interpretado) como digno de revolta.

A cena do célebre quadro de Delacroix *A liberdade guiando o povo* foi recopiada pelo próprio pintor sob o viés da cortina da pré-interpretação: uma mulher jovem numa barricada, o rosto severo, os seios nus inspirando medo; ao lado dela, um maltrapilho com uma pistola. Tenho razão em não gostar desse quadro, porém seria absurdo excluí-lo da grande pintura.

Mas um romance que glorifica semelhantes posturas convencionais, símbolos tão gastos, se exclui da história do romance. Pois foi rasgando a cortina da pré-interpretação que Cervantes colocou em movimento essa arte nova; seu gesto destruidor se reflete e prolonga em cada romance digno desse nome; é a *marca de identidade da arte do romance*.

A GLÓRIA

Na *Hugolíada*, panfleto contra Victor Hugo, Ionesco, com a idade de 26 anos e vivendo ainda na Romênia, escreveu: "A característica da biografia dos homens célebres é que eles quiseram ser célebres. A característica da biografia de todos os homens é que eles não pensaram em ser homens célebres [...] Um homem célebre é repugnante...".

Tentemos precisar os termos: o homem se torna célebre

quando o número daqueles que o conhecem suplanta o número daqueles que ele próprio conhece. O reconhecimento que desfruta um grande cirurgião não é a glória: ele não é admirado por um público, mas pelos pacientes, pelos colegas. Vive em equilíbrio. A glória é um desequilíbrio. Há profissionais que arrastam a glória atrás de si fatalmente, inevitavelmente: políticos, modelos, desportistas, artistas.

A glória dos artistas é a mais monstruosa de todas, pois implica a ideia de imortalidade. E é uma armadilha diabólica, porque a pretensão megalômana de sobreviver à própria morte está inseparavelmente ligada à probidade do artista. Cada romance criado com verdadeira paixão aspira naturalmente a um valor estético durável, o que quer dizer que aspira a um valor capaz de sobreviver ao próprio autor. Escrever sem essa ambição é cinismo: pois se um bombeiro médio é útil para as pessoas, um romancista médio que produz voluntariamente livros efêmeros, comuns, convencionais, portanto inúteis, portanto importunos, portanto nocivos, é desprezível. É a maldição do romancista: sua honestidade está ligada ao infame pilar da megalomania.

MATARAM MINHA ALBERTINE

Dez anos mais velho do que eu, Ivan Blatný (falecido há muitos anos) foi um poeta que admirei desde meus catorze anos. Num de seus poemas, um verso aparecia sempre, com um nome de mulher: "*Albertinko, ty*", o que quer dizer: "Albertine, você". Era uma alusão à Albertine de Proust, claro. Esse nome tornou-se para mim, adolescente, o mais envolvente de todos os nomes femininos.

De Proust, na época, eu não conhecia nada a não ser a lombada de uns vinte volumes da edição tcheca de *À procura do tempo perdido*, enfileirados na biblioteca de um amigo.

Graças a Blatný, graças ao seu *"Albertinko, ty"*, um dia mergulhei nele. Quando cheguei a *À sombra das moças em flor*, a Albertine de Proust confundiu-se, imperceptivelmente, com a Albertine de meu poeta.

Os poetas tchecos adoravam a obra de Proust, mas não conheciam sua biografia. Ivan Blatný tampouco. Foi, aliás, bem tarde que eu mesmo perdi o privilégio dessa bela ignorância ao ouvir dizer que Albertine fora inspirada num homem, um amor de Proust.

Mas do que estão falando? Inspirada neste ou naquela, Albertine é Albertine, e basta! Um romance é fruto de uma alquimia que transforma uma mulher em homem, um homem em mulher, a lama em ouro, uma anedota em drama! É essa divina alquimia que faz a força de todo romancista, o segredo, o esplendor de sua arte!

Nada a fazer; bem que eu queria conservar Albertine como uma mulher das mais inesquecíveis, mas depois que me sopraram que seu modelo era um homem, essa informação inútil instalou-se na minha cabeça como um vírus de computador. Um macho se intrometeu entre mim e Albertine; ele confunde sua imagem, sabota sua feminilidade, num instante a vejo com belos seios, em seguida com o peito liso, por vezes aparece um bigode na pele macia de seu rosto.

Mataram minha Albertine. E penso nas palavras de Flaubert: "O artista deve fazer crer à posteridade que ele não viveu". É preciso compreender o sentido dessa frase: o que o romancista quer proteger em primeiro lugar não é ele, é Albertine e Madame Arnoux.

O VEREDICTO DE MARCEL PROUST

Em *À procura do tempo perdido*, Proust foi definitivamente claro: "Neste romance [...] não existe um só fato que não seja fictício, [...] não existe um único personagem 'à clef'". Por mais estreitamente que seja ligado à vida de seu autor, o romance de Proust se encontra, inequivocamente, no lado oposto ao de sua autobiografia; não há nele nenhuma intencionalidade autobiográfica; ele não o escreveu para falar da própria vida, mas para esclarecer aos olhos dos leitores a vida de cada um deles:

> [...] cada leitor é, quando lê, o leitor de si mesmo. A obra do escritor não é senão uma espécie de instrumento óptico que ele oferece ao leitor a fim de lhe permitir discernir aquilo que, sem aquele livro, ele talvez não pudesse ver sozinho. O reconhecimento dentro de si, pelo leitor, daquilo que o livro diz é a prova da verdade dele [...]

Essas frases de Proust não definem o sentido do romance proustiano; elas definem o sentido da arte do romance propriamente dita.

A MORAL DO ESSENCIAL

Bardèche resume seu veredicto sobre *Madame Bovary*: "Flaubert perdeu o bonde de seu destino de escritor! E não será esse no fundo o julgamento de tantos admiradores de Flaubert que terminam dizendo: Ah, mas se vocês tivessem lido a correspondência dele, que obra-prima, que homem fascinante ela revela!".

Também eu releio muitas vezes a correspondência de Flaubert, ávido de saber o que ele pensava de sua arte e da arte dos outros. O que não impede que a correspondência, por mais fascinante que possa ser, não seja nem obra-prima, nem arte. Pois a obra não é o conjunto do que um romancista escreveu: cartas, anotações, diários, artigos. A obra é a *realização de um longo trabalho sobre um projeto estético*.

Irei ainda mais longe: a obra é aquilo que o romancista apresentará na hora do balanço final. Pois a vida é curta, a leitura é longa, e a literatura está se suicidando por uma proliferação absurda. A começar por si mesmo, cada romancista deveria eliminar tudo o que é secundário, preconizar para si e para os outros a *moral do essencial*!

Mas não existem apenas os autores, as centenas de milhares de autores, existem os pesquisadores, que, guiados por uma moral oposta, acumulam tudo o que podem encontrar para abraçar o todo, objetivo supremo. O todo, a saber, também uma montanha de rascunhos, de parágrafos riscados, de capítulos rejeitados pelo autor, mas publicados por pesquisadores em edições chamadas "críticas", sob o pérfido nome de "variantes", o que quer dizer que, se as palavras ainda têm sentido, tudo o que o autor escreveu valeria, seria paralelamente aprovado por ele.

A moral do essencial cedeu lugar à *moral de arquivo*. (O ideal do arquivo: a doce igualdade que reina numa imensa vala comum.)

A LEITURA É LONGA, A VIDA É CURTA

Converso com um amigo, escritor francês; insisto que leia Gombrowicz. Quando o encontro algum tempo depois, ele fica encabulado: "Aceitei a sua sugestão, mas, sinceramente, não compreendi o seu entusiasmo". "O que foi que você leu?", pergunto. "*Possuídos!*", ele responde. "Que diabo! Por que *Possuídos*?"

Possuídos apareceu em livro só depois da morte de Gombrowicz. É um romance popular que ele publicou quando jovem em folhetim, sob pseudônimo, num jornal da Polônia de antes da guerra. Nunca o publicou como livro, nem teve intenção de fazê-lo. No final de sua vida, apareceu o volume da longa entrevista que ele concedeu a Dominique de Roux, sob o título de *Testamento*. Nela Gombrowicz comenta toda a sua obra. Toda. Nem uma só palavra sobre *Possuídos*!

Eu digo: "Você tem de ler *Ferdydurke*! Ou *Pornografia*!".

Ele me olha com melancolia. "Meu amigo, a vida diante de mim está mais curta. O tempo que reservei para seu autor se esgotou."

O MENINO E SUA AVÓ

Stravinsky rompeu para sempre a longa amizade com o regente Ansermet, que queria fazer cortes em seu balé *Jogo de cartas*. Mais tarde, Stravinsky retoma ele mesmo sua *Sinfonia para instrumentos de sopro* e faz várias correções. Ao saber disso, o mesmo Ansermet fica indignado; não gosta das correções e contesta o direito de Stravinsky de mudar o que havia escrito.

Nos dois casos, a resposta de Stravinsky é igualmente pertinente: Isso não lhe diz respeito, meu caro! Não se comporte com minha obra como se estivesse em sua casa! Pois a obra que o autor criou não pertence nem a seu pai, nem a sua mãe, nem a sua nação, nem à humanidade, só pertence ao próprio autor; ele pode publicá-la quando quiser e se quiser, pode mudá-la, corrigi-la, aumentá-la, encurtá-la, jogá-la na privada e puxar a descarga sem que tenha a menor obrigação de dar explicações a quem quer que seja.

Tinha eu dezenove anos quando, em minha cidade natal, um jovem universitário fez uma conferência pública; eram os primeiros meses da revolução comunista, e obedecendo ao espírito do tempo, ele falou sobre a responsabilidade social da arte. Depois da conferência, houve uma discussão; ficou na minha memória o poeta Josef Kainar (da mesma geração de Blatný, falecido também ele havia muitos anos), que, em resposta ao discurso científico, contou uma anedota. Um menino passeia com sua velha avó cega. Caminham numa rua, e de vez em quando o menino diz: "Vovó, atenção, uma raiz!". Imaginando que está num caminho de floresta, a velha senhora dá uns saltos. Os transeuntes reclamam com o menino: "Menino, como é que você trata sua avó assim?". E o menino: "A avó é minha! Eu a trato como quiser!". E Kainar: "Eis aí eu e minha poesia". Não esquecerei jamais essa demonstração do direito do autor proclamado sob o olhar desconfiado da jovem revolução.

O VEREDICTO DE CERVANTES

Diversas vezes, em seu romance, Cervantes faz longas enumerações de livros de cavalaria. Menciona os títulos, mas não acha sempre necessário assinalar os nomes dos autores. Na época, o respeito ao autor e seus direitos ainda não era costume.

Lembremo-nos: antes que ele tivesse terminado o segundo volume de seu romance, outro escritor, até então desconhecido, adiantou-se a ele, publicando sob pseudônimo sua própria continuação das aventuras de Dom Quixote. Cervantes reagiu na época como reagiria um romancista de hoje: com raiva; atacou violentamente o plagiário e proclamou com orgulho: "Só para mim nasceu Dom Quixote, e eu para ele. Ele soube agir; eu, escrever. Ele e eu somos uma coisa só [...]".

Depois de Cervantes, eis a marca primeira e fundamental de um romance: é a criação única e inimitável, inseparável da imaginação de um só autor. Antes que fosse escrito, ninguém poderia imaginar um Dom Quixote; ele foi o próprio *inesperado*; e sem o charme do inesperado nenhum grande personagem romanesco (e nenhum grande romance) seria concebido dali em diante.

O nascimento da arte do romance ficou ligado à tomada de consciência do direito do autor e à sua defesa feroz. O romancista é o único dono de sua obra; ele é sua obra. Não foi sempre assim. E não será sempre assim. Mas então a arte do romance, a herança de Cervantes, não existirá mais.

Parte 5
ESTÉTICA E EXISTÊNCIA

ESTÉTICA E EXISTÊNCIA

Onde procurar as razões mais profundas pelas quais os homens sentem uns pelos outros simpatia ou antipatia, podendo ou não ser amigos? Clarisse e Walter, de *O homem sem qualidades*, são antigos conhecidos de Ulrich. Aparecem pela primeira vez em cena no romance quando Ulrich entra na casa deles e os vê tocando piano a quatro mãos. "Esse ídolo baixo de quatro patas, boca enorme, cruzamento de buldogue com bassê", esse terrível "megafone através do qual a alma lança seus gritos no todo como um cervo no cio", o piano representa para Ulrich tudo o que ele mais detesta.

Essa metáfora esclarece o insuportável desentendimento entre Ulrich e o casal; um desentendimento que parece arbitrário e injustificável, já que não provém de nenhum conflito de interesses e não é nem político, nem ideológico, nem religioso; se ele é indefinível a esse ponto, é que suas raízes descem muito profundamente, até os *fundamentos estéticos* das pessoas envolvidas; a música, lembremo-nos do que dizia Hegel, é a arte mais lírica, mais lírica até do que a própria poesia lírica. Durante todo o romance, Ulrich entrará em choque com o lirismo de seus amigos.

Mais tarde, Clarisse começa a se apaixonar pela causa de Moosbrugger, um assassino condenado à morte que a sociedade mundana quer salvar tentando provar sua loucura e, através dela, sua inocência. "Moosbrugger é como a música", repete Clarisse por toda parte, e com essa frase ilógica (intencionalmente ilógica, porque convém ao espírito lírico apresentar-se com frases ilógicas) sua alma lança gritos de compaixão para o universo. Diante desses gritos, Ulrich permanece frio. Não que queira a pena de morte para um louco, mas porque não pode suportar a histeria lírica de seus defensores.

Os conceitos estéticos só começaram a me interessar no momento em que percebi suas raízes existenciais, quando os compreendi como conceitos existenciais; pois no decorrer da vida, as pessoas — sejam simples ou sofisticadas, inteligentes ou tolas — são constantemente confrontadas com o belo, o feio, o sublime, o cômico, o trágico, o lírico, o dramático, a ação, as peripécias, a catarse, ou, para falar de conceitos menos filosóficos, com a *agelastia*, o kitsch ou o vulgar; todos esses conceitos são pistas que conduzem a diversos aspectos da existência inacessíveis por qualquer outro meio.

A AÇÃO

A arte épica está fundada na ação, e a sociedade exemplar em que a ação podia se manifestar em plena liberdade é a da época heroica grega; é o que diz Hegel, e ele o demonstra com a *Ilíada*: mesmo que Agamenon seja o primeiro dos reis, outros reis e príncipes se reagruparam em torno dele livremente, e eram livres, como Aquiles, para afastar-se da batalha. O povo também seguiu os príncipes por vontade própria; não havia nenhuma lei que pudesse obrigá-los; só os impulsos pessoais — sentimentos de honra, de respeito, de humildade diante do mais forte, a fascinação exercida pela coragem de um herói etc. — determinavam o comportamento das pessoas. A liberdade de participar da luta e também de desertar garantia a independência de todos e de cada um. Desse modo, a ação guardou o caráter pessoal e, portanto, a forma poética.

A esse mundo arcaico, berço da epopeia, Hegel opõe a sociedade de seu próprio tempo, organizada em Estado, dotada de uma Constituição, de leis, de justiça, de uma administração onipotente, de ministérios, de polícia etc.; essa sociedade impõe seus princípios morais ao indivíduo, cujo comportamento acaba sendo determinado muito mais pelas vontades anônimas vindas do exterior do que por sua própria personalidade. E foi num mundo assim que o romance nasceu. Como outrora a epopeia, ele também foi fundado na ação. Mas no romance a ação se problematiza, aparece como uma questão múltipla: se a ação não é mais que o resultado da obediência, é ainda ação? E como distinguir a ação dos gestos repetitivos da rotina? O que quer dizer *in concreto* a palavra "liberdade" no mundo moderno, burocratizado, em que as possibilidades de agir são ínfimas?

James Joyce e Kafka tocaram nos limites extremos dessas questões. O gigantesco microscópio joyciano aumentou de maneira desmesurada cada minúsculo gesto cotidiano, transformando dessa maneira um só dia arquibanal de Bloom numa grande *odisseia* moderna. Contratado como agrimensor, K. chega a uma pequena cidade, pronto para lutar pelo direito de viver ali; mas o resultado desse combate será lamentável: depois de infinitos tormentos, conseguirá apenas apresentar suas reclamações ao impotente prefeito do vilarejo, depois a um funcionário subalterno que cochila, e nada mais; ao lado da *odisseia* moderna de Joyce, *O castelo*, de Kafka, é uma ilíada moderna. Uma odisseia e uma ilíada sonhadas no avesso de um mundo épico cujo lugar já não era acessível.

Cento e cinquenta anos antes, Laurence Sterne já havia percebido o caráter problemático e paradoxal da ação; em *Tristram Shandy*, há apenas ações infinitesimais; durante vários capítulos, o pai Shandy tenta, com a mão esquerda, tirar o lenço do bolso direito e, ao mesmo tempo, com a mão direita, tirar a peruca da cabeça; durante vários capítulos, o dr. Slop fica desfazendo os numerosos e apertados nós da bolsa onde estão guardados os instrumentos cirúrgicos que serão usados no parto de Tristram. Essa ausência de ação (ou essa miniaturização da ação) é tratada com um sorriso idílico (sorriso que nem Joyce nem Kafka conhecerão e que ficará sem similar em toda a história do romance). Acho que vejo nesse sorriso uma melancolia radical: quem age quer vencer; quem vence traz tristeza para o outro; renunciar à ação é o único caminho para a felicidade e a paz.

OS AGELASTOS

"A afetação de gravidade" se exibe em toda parte em torno dele, e o pastor Yorick, um dos personagens de *Tristram Shandy*, vê nisso apenas canalhice, "um manto que dissimula a ignorância ou a tolice". Na medida do possível, ele a rejeita com comentários "brincalhões e bem-humorados". Essa "maneira imprudente de brincar" se mostra perigosa; "cada dezena de piadas lhe traz centenas de inimigos", tanto que um dia, não tendo mais forças para resistir à vingança dos agelastos, Yorick "abandona sua espada" e acaba morrendo com "o coração partido". Sim, ao contar a história de seu Yorick, Laurence Sterne usa a palavra "agelastos". É o neologismo que Rabelais criou a partir do grego para designar aqueles que não sabem rir. Rabelais tinha horror dos agelastos; por causa deles, segundo suas próprias palavras, quase "não escreveu mais nada". A história de Yorick é uma saudação fraternal que Sterne faz a seu mestre através dos séculos.

Existem pessoas cuja inteligência admiro, cuja honestidade estimo, mas com as quais me sinto pouco à vontade: censuro minhas opiniões para não ser mal compreendido, para não parecer cínico, para não magoá-las com palavras levianas. Elas não vivem em paz com o cômico. Não as censuro: sua agelastia é profundamente arraigada, e elas nada podem fazer. Mas também eu não posso fazer nada, e, sem detestá--las, procuro evitá-las de longe. Não quero acabar como o pastor Yorick.

Cada conceito estético (e a agelastia é um deles) abre uma problemática sem fim. Aqueles que outrora atiravam sobre Rabelais anátemas ideológicos (teológicos) eram incitados por algo ainda mais profundo que um dogma abstrato. Era um desacordo estético que os dominava: o desacordo visceral com o não sério; a indignação contra o escândalo de um riso deslocado. Pois se os agelastos tendem a ver em cada brincadeira um sacrilégio, é porque, na verdade, toda brincadeira é um sacrilégio. Existe uma incompatibilidade sem apelação entre o cômico e o sagrado, e só podemos nos perguntar onde começa e onde termina o sagrado. Está confinado apenas ao templo? Ou seu domínio se estende um pouco mais adiante, abrangendo também aquilo a que chamamos de os grandes valores laicos: a maternidade, o amor, o patriotismo, a dignidade humana? Aqueles para quem a vida é sagrada, inteiramente, sem restrição, reagem a qualquer brincadeira com irritação clara ou velada, pois em qualquer brincadeira se revela o cômico, que em si mesmo é um ultraje ao caráter sagrado da vida.

Não se compreenderá o cômico sem compreender os agelastos. A existência deles dá ao cômico sua plena dimensão, e o revela como um desafio, um risco, mostrando sua essência dramática.

O HUMOR

Em *Dom Quixote*, ouvimos um riso que diríamos ter saído das farsas medievais: rimos do cavaleiro, que usa um prato de fazer barba como se fosse um capacete; rimos de seu escudeiro, que leva palmadas. Mas ao lado desse aspecto cômico, muitas vezes estereotipado, muitas vezes cruel, Cervantes nos faz saborear um cômico totalmente diferente, muito mais sutil:

Um amável nobre morando no campo convida Dom Quixote para ficar em sua casa, onde mora com o filho, que é poeta. O filho, mais lúcido que o pai, reconhece imediatamente no convidado um louco e guarda distância dele ostensivamente. Depois, Dom Quixote pede ao rapaz que lhe recite sua poesia, no que é logo obedecido, e faz um elogio eloquente ao seu talento; feliz, envaidecido, o filho fica encantado com a inteligência do convidado e esquece na mesma hora a loucura do cavaleiro. Quem é então mais louco: o louco que elogia o lúcido, ou o lúcido que acredita no elogio do louco? Entramos na esfera de um outro cômico, mais fino e infinitamente mais rico. Não rimos porque alguém é ridicularizado, caçoado ou até humilhado, mas porque uma realidade de repente se revela em sua ambiguidade, as coisas perdem a significação aparente, o homem diante de nós não é quem pensa que é. Eis o *humor* (o humor que, para Octavio Paz, é a "grande invenção" dos tempos modernos, que devemos a Cervantes).

O humor não é uma faísca que brilha brevemente no desfecho cômico de uma situação ou num caso que nos faz rir. Sua luz discreta se estende sobre toda a vasta paisagem da vida. Tentemos, como se voltássemos o filme, ver *uma segunda vez* a cena que acabo de contar: o amável cavalheiro leva Dom Quixote para seu castelo e lhe apresenta o filho, que logo faz questão de mostrar ao extravagante convidado sua reserva e superioridade. Mas desta vez somos advertidos: já vimos a felicidade narcisista do rapaz no momento em que Dom Quixote elogia seus poemas; quando revemos agora o começo da cena, o comportamento do filho nos parece logo pretensioso, inadequado à sua idade, isto é, cômico *desde o começo*. É assim que vê o mundo um homem adulto que tem bastante experiência da "natureza humana" (que olha a vida como quem já viu esse filme) e que há muito tempo deixou de levar a sério a seriedade dos homens.

E SE O TRÁGICO NOS ABANDONASSE?

Depois de experiências dolorosas, Creonte compreendeu que aqueles que são responsáveis pela pátria têm o dever de dominar as paixões pessoais; firme nessa convicção, ele entra em conflito mortal com Antígona, que defende os deveres não menos legítimos do indivíduo. Ele é intransigente, ela morre, e ele, esmagado pela culpa, deseja "nunca mais ver o amanhã". *Antígona* inspirou a Hegel sua meditação magistral sobre o trágico: dois antagonistas se enfrentam, cada um inseparavelmente ligado a uma verdade que é parcial, relativa, mas que, se a considerarmos em si mesma, é inteiramente justificada. Cada um está disposto a sacrificar a vida por ela, mas não pode fazê-la triunfar senão pela ruína total do adversário. Assim, ambos são ao mesmo tempo justos e culpados. É a honra dos grandes personagens trágicos serem culpados, diz Hegel. A consciência profunda da culpabilidade torna possível uma reconciliação futura.

Liberar os grandes conflitos humanos da interpretação ingênua do combate entre o bem e o mal, compreendê-los sob a luz da tragédia, foi uma imensa realização do espírito humano; fez aparecer a relatividade fatal das verdades humanas; tornou evidente a necessidade de fazer justiça ao inimigo. Mas a vitalidade do maniqueísmo moral é invencível: lembro-me de uma adaptação de *Antígona* que vi em Praga logo depois da guerra; matando o trágico dentro do trágico, o autor fazia de Creonte um odioso fascista que esmagava a heroína da liberdade.

Tais atualizações políticas de *Antígona* ficaram muito em voga depois da Segunda Guerra Mundial. Hitler não proporcionou apenas indizíveis horrores à Europa, ele a espoliou de seu sentimento do trágico.

Seguindo o exemplo do combate ao nazismo, toda a história política contemporânea seria desde então vista e vivida como o combate entre o bem e o mal. As guerras, as guerras civis, as revoluções, as contrarrevoluções, as lutas nacionais, as revoltas e sua repressão foram expulsas do território do trágico e expedidas para a autoridade de juízes ávidos de castigo. É uma regressão? Uma recaída no estágio pré-trágico da humanidade? Mas, nesse caso, quem regrediu? A própria história, usurpada por criminosos? Ou nossa maneira de ver a história? Muitas vezes digo a mim mesmo: o trágico nos abandonou; eis aí, talvez, o verdadeiro castigo.

O DESERTOR

Homero não põe em dúvida as razões que levaram os gregos a cercar a cidade de Troia. Mas quando volta o olhar sobre essa mesma guerra de uma distância de muitos séculos, Eurípides fica longe de admirar Helena e mostra a desproporção entre o valor dessa mulher e os milhares de vidas sacrificadas por ela. Em *Orestes*, ele manda dizer a Apolo: "Os deuses só quiseram fazer Helena tão bela para criar o conflito entre gregos e troianos e, com a carnificina resultante, aliviar a terra dos mortais, muito numerosos, que a perturbavam". De repente tudo ficou claro: o sentido da mais célebre das guerras não tinha nada a ver com nenhuma grande causa; seu único objetivo era a matança. Mas sendo assim, pode-se ainda falar de trágico?

Perguntem às pessoas qual foi a verdadeira razão da guerra de 1914. Ninguém saberá responder, mesmo que essa gigantesca matança tenha sido a raiz de todo o século recentemente terminado e de todo o seu mal. Se ao menos pudéssemos dizer que os europeus mataram-se uns aos outros para salvar a honra de um corno!

Eurípides não chegou ao ponto de achar a Guerra de Troia cômica. Um romance avançou esse passo. O soldado Švejk, de Hašek, se sente tão pouco ligado aos objetivos da guerra que nem mesmo os contesta; ele não os conhece; não procura conhecê-los. A guerra é horrível, mas ele não a leva a sério. Não se leva a sério aquilo que não faz sentido.

Há momentos em que a história, suas grandes causas, seus heróis, podem parecer insignificantes e mesmo cômicos, mas é difícil, desumano, até mesmo sobre-humano vê--la assim por muito tempo. Talvez os desertores sejam capazes disso. Švejk é um desertor. Não no sentido jurídico do termo (aquele que deixa ilegalmente o Exército), mas no sentido de sua total indiferença em relação ao grande conflito coletivo. De todos os pontos de vista, político, jurídico, moral, o desertor parece desagradável, condenável, parente dos covardes e dos traidores. O olhar do romancista o enxerga de outro modo: o desertor é aquele que se recusa a dar um sentido às lutas de seus contemporâneos. Que se recusa a ver uma grandeza trágica nos massacres. A quem repugna participar como um farsante na comédia da história. Sua visão das coisas é muitas vezes lúcida, muito lúcida, mas torna sua posição difícil de sustentar; ela o torna não solidário com os seus; ela o afasta da humanidade.

(Durante a guerra de 1914, todos os tchecos se sentiam

estranhos aos propósitos pelos quais o Império Habsburgo os havia mandado combater; Švejk, cercado de desertores, era portanto um desertor excepcional: um desertor feliz. Quando penso na enorme popularidade que ele sempre desfrutou em seu país, me vem a ideia de que grandes situações coletivas como essa, raras, quase secretas, não compartilhadas por outros, podem até atribuir sua razão de ser à existência de uma nação.)

A CORRENTE TRÁGICA

Um ato, por mais inocente que seja, não expira na solidão. Ele provoca, como efeito, outro ato, e põe em funcionamento toda uma corrente de acontecimentos. Onde acaba a responsabilidade do homem em relação a seu ato, que se prolonga assim infinitamente, numa transformação incalculável e monstruosa? No grande discurso que pronuncia no fim de *Édipo rei*, Édipo amaldiçoa aqueles que no passado salvaram seu corpo de criança, do qual seus pais queriam se desfazer; amaldiçoa a bondade cega que desencadeou um indizível mal; amaldiçoa essa corrente infinita de atos que liga todos os seres humanos, fazendo deles uma só humanidade trágica.

Édipo é culpado? Essa palavra, originária do vocabulário dos juristas, aqui não tem o menor sentido. No fim de *Édipo rei*, ele fura os próprios olhos com grampos da túnica de Jocasta, que se enforcara. Seria, de sua parte, um ato de justiça que ele queria se infligir? Vontade de se punir? Ou seria mais um grito de desespero? O desejo de não ver mais os horrores dos quais é a causa e o alvo? Portanto um desejo não de justiça, mas do nada? Em *Édipo em Colona*, a última peça que nos restou de Sófocles, Édipo, agora cego, se defende violentamente contra as acusações de Creonte e proclama sua inocência sob o olhar aprovador de Antígona, que o acompanha.

Tendo tido outrora a ocasião de observar os homens de Estado comunistas, pude constatar, surpreso, que eles eram muitas vezes extremamente críticos em relação à realidade nascida de seus atos, que viram transformar-se numa incontrolável corrente de consequências. Se eram realmente tão lúcidos, me digam, por que não bateram a porta? Seria por oportunismo? Por amor ao poder? Por medo? Talvez. Mas não podemos omitir que pelo menos alguns agiram com senso de responsabilidade em relação a algum ato que no passado colocaram em andamento no mundo e do qual não quiseram negar a paternidade, acalentando sempre a esperança de que seriam capazes de corrigi-lo, de flexibilizá-lo, de restituir-lhe algum sentido. Quanto mais essa esperança se revelava ilusória, mais evidenciava o lado trágico da vida desses homens.

O INFERNO

No décimo capítulo de *Por quem os sinos dobram*, Hemingway descreve o dia em que os republicanos (e é com eles que ele simpatiza, como homem e como autor) conquistaram uma pequena cidade dominada pelos fascistas. Eles condenam sem processo umas vinte pessoas e as levam para a praça, onde, nesse ínterim, haviam reunido alguns homens armados de malhos, de ancinhos, de foices para matar os culpados. Culpados? À maioria deles não se podia censurar senão a adesão passiva ao partido fascista, de modo que os algozes, pessoas simples que os conheciam bem e não os detestavam, são sobretudo tímidos e reticentes; só sob o efeito do álcool e depois do sangue é que eles se excitam a tal ponto que a cena (sua descrição detalhada ocupa quase um décimo do romance!) acaba com um furor atroz de crueldade no qual tudo se torna um *inferno*.

Sem cessar, os conceitos estéticos se transformam em indagações; eu me pergunto: a história é trágica? Digamos de forma diferente: a noção de trágico tem sentido fora do destino pessoal? Quando a história põe em movimento as massas, os exércitos, os sofrimentos e as vinganças, não se podem mais distinguir as vontades individuais; a tragédia é inteiramente engolida pelos transbordamentos de esgotos que submergem o mundo.

A rigor, podemos procurar o trágico enterrado sob os escombros dos horrores, no primeiro impulso daqueles que tiveram a coragem de arriscar a vida por suas verdades.

Mas existem horrores sob os quais nenhuma escavação arqueológica encontrará o menor vestígio de trágico: as matanças por dinheiro; pior: por uma ilusão; pior ainda: por uma estupidez.

O inferno (inferno na terra) não é trágico; o inferno é o horror sem nenhum traço de trágico.

Parte 6
A CORTINA RASGADA

POBRE ALONSO QUIJADA

Um pobre cavalheiro de um vilarejo, Alonso Quijada, decidiu ser um cavaleiro errante e se nomeou Dom Quixote de la Mancha. Como definir sua identidade? Ele é aquele que não é.

Rouba do barbeiro o prato de cobre de fazer barba que usa como capacete. Mais tarde, por acaso, o barbeiro chega à taberna em que Dom Quixote está com um grupo; vê seu prato de fazer barba e quer retomá-lo. Mas Dom Quixote, orgulhoso, recusa-se a considerar o capacete um prato de fazer barba. Na mesma hora um objeto aparentemente tão simples torna-se um problema. Como provar, aliás, que um prato de fazer barba colocado em cima de uma cabeça não é um capacete? O grupo brincalhão, divertindo-se, encontra a única maneira objetiva de demonstrar a verdade: o voto secreto. Todos participam, e o resultado é inequívoco: o objeto é reconhecido como capacete. Admirável brincadeira ontológica!

Dom Quixote está apaixonado por Dulcineia. Ele só a viu furtivamente, ou talvez nunca a tenha visto. Está apaixonado, mas, como ele mesmo diz, "só porque os cavaleiros errantes são obrigados a estar". Infidelidades, traições, decepções amorosas, toda a literatura narrativa conhece isso desde sempre. Mas em Cervantes, não são os amantes, é o amor, a própria noção de amor que é questionada. Pois o que é o amor, se amamos uma mulher sem a conhecer? Uma simples decisão de amar? Ou mesmo uma imitação? A ques-

110

tão nos concerne a todos: se desde a nossa infância os exemplos de amor não nos convidam a segui-los, será que sabemos o que significa o amor?

Um pobre fidalgo de província, Alonso Quijada, abriu a história da arte do romance com três questões sobre a existência: O que é a identidade de um indivíduo? O que é a verdade? O que é o amor?

A CORTINA RASGADA

Ainda uma visita a Praga depois de 1989. Da biblioteca de um amigo tiro, por acaso, um livro de Jaromír John, romancista tcheco do período entre as duas grandes guerras. O romance foi esquecido há muito tempo; chama-se *O monstro a combustão*, e o leio pela primeira vez naquele dia. Escrito aproximadamente em 1932, conta uma história que se passa uns dez anos antes, durante os primeiros anos da República tchecoslovaca, proclamada em 1918. O sr. Engelbert, conselheiro florestal no tempo do velho regime da monarquia dos Habsburgo, instala-se em Praga para passar ali sua aposentadoria; mas, chocado com a modernidade agressiva do jovem Estado, vai de decepção em decepção. Situação mais do que conhecida. Uma coisa, no entanto, é inédita: o horror deste mundo moderno, a maldição do sr. Engelbert, não é o poder do dinheiro nem a arrogância dos arrivistas, é o barulho; não o barulho antigo de uma tempestade ou de um martelo, mas o barulho novo dos motores, notadamente dos automóveis e das motocicletas: dos "monstros a combustão".

Pobre sr. Engelbert: ele se instala primeiro numa mansão num bairro residencial; ali os automóveis o fazem descobrir pela primeira vez o mal que transformará sua vida numa fuga sem fim. Muda-se para outro bairro, contente porque na sua rua os automóveis são proibidos de entrar. Ignorando que a proibição é apenas temporária, fica exasperado na noite em que ouve os "monstros a combustão" roncarem de novo embaixo de sua janela. Daí em diante só vai para a cama com algodão nos ouvidos, compreendendo que "dormir é o desejo humano mais fundamental, e que a morte causada pela impossibilidade de dormir deve ser a pior das mortes". Procura o silêncio em hotéis no campo (em vão), na casa de antigos colegas em cidades do interior (em vão), e acaba passando as noites em trens que, com seu barulho doce e arcaico, possibilitam um sono relativamente pacífico em sua vida de homem traumatizado.

Quando John escreveu esse romance, contava-se provavelmente um carro para cada cem habitantes de Praga, ou quem sabe para cada mil. Tratava-se precisamente de quando ainda era raro que o fenômeno do barulho (barulho de motores) fosse considerado uma espantosa novidade. Deduzo disso uma regra geral: o alcance existencial de um fenômeno social não é perceptível com maior acuidade no momento de sua expansão, mas sim quando ele se encontra em seus primórdios, incomparavelmente mais fraco do que se tornará depois. Nietzsche assinala que no século XVI a Igreja na Alemanha era a mais corrompida que existia no mundo, e foi por causa disso que a Reforma começou justamente ali, porque só "os primórdios da corrupção eram sentidos como intoleráveis". A burocracia na época de Kafka era uma criança inocente em comparação com a de hoje, e foi no entanto Kafka quem descobriu sua monstruosidade, que depois se tornou banal e não interessa a mais ninguém. Nos anos 60 do século XX, filósofos brilhantes submeteram a "sociedade de consumo" a uma crítica que se tornou ao longo dos anos tão caricaturalmente ultrapassada pela realidade que nos sentimos incomodados por precisar dela. Pois é necessário lembrar outra regra geral: enquanto a realidade não tem nenhuma vergonha de se repetir, o pensamento, em face da repetição da realidade, acaba sempre se calando.

Em 1920, o sr. Engelbert ainda estava assustado com o barulho dos "monstros a combustão"; as gerações seguintes o acharam natural; depois de tê-lo horrorizado, adoecido, o barulho pouco a pouco remodelou o homem, por sua onipresença e permanência, acabando por inculcar nele a *necessidade do barulho*, e com isso toda uma outra relação com a natureza, o repouso, a alegria, a beleza, a música (que se tornou um fundo sonoro ininterrupto, perdendo o caráter de arte) e até mesmo com a palavra (que não ocupa mais como outrora um lugar privilegiado no mundo dos sons). Na *história da existência*, isso foi uma mudança tão profunda, tão duradoura que nenhuma guerra, nenhuma revolução jamais chegou a produzir coisa semelhante; uma mudança cujo começo Jaromír John modestamente assinalou e descreveu.

Digo modestamente porque John era um desses romancistas a que chamamos de *menores*; no entanto, grande ou pequeno, era um romancista verdadeiro: ele não recopiava as verdades bordadas sobre a *cortina da pré-interpretação*; como Cervantes, ele teve a coragem de rasgar a cortina. Façamos o sr. Engelbert sair do romance e o imaginemos como um homem real que se propõe a escrever a autobiografia; não, ela não se parece absolutamente com o romance de John! Pois, como a maioria de seus semelhantes, o sr. Engelbert está habituado a julgar a vida a partir daquilo que se pode ler na cortina suspensa sobre o mundo; sabe que o fenômeno do barulho, por mais desagradável que seja para ele, não é digno de interesse. Em contrapartida, a liberdade, a independência, a democracia, ou, vendo do ângulo oposto, o capitalismo, a exploração, a desigualdade, sim, cem vezes sim, essas são noções graves, capazes de dar sentido a um destino, de tornar nobre uma infelicidade! Também na autobiografia, que o vejo escrevendo com algodão nos ouvidos, ele dá grande importância à independência recuperada por sua pátria e ataca o egoísmo dos arrivistas; quanto aos "monstros a combustão", relega-os a um pé de página, simples menção de um aborrecimento insignificante que, no fim das contas, se torna risível.

A CORTINA RASGADA DO TRÁGICO

Uma vez mais quero fazer surgir a silhueta de Alonso Quijada; vê-lo montar Rocinante e partir em busca de grandes batalhas. Está pronto a sacrificar sua vida por uma causa nobre, mas a tragédia não quer saber dele. Pois desde o seu nascimento o romance desconfia da tragédia: de seu culto à grandeza; de suas origens teatrais; de sua cegueira em relação à prosa da vida. Pobre Alonso Quijada. Na proximidade de sua triste figura, tudo se torna comédia.

Nenhum romancista, provavelmente, se deixou seduzir tanto pelo páthos do trágico quanto Victor Hugo em *Noventa e três* (1874), seu romance sobre a Revolução Francesa. Os três protagonistas, maquiados e com roupas de época, dão a impressão de ter saído diretamente do palco para o romance: o marquês de Lantenac, apaixonadamente devotado à monarquia; Cimourdain, o grande personagem da Revolução, não menos convencido de sua verdade; enfim, o sobrinho de Lantenac, Gauvain, aristocrata que, sob a influência de Cimourdain, se tornou um grande general da Revolução.

Eis o fim da história deles: no meio de uma batalha horrivelmente cruel num castelo cercado pelo Exército da Revolução, Lantenac consegue fugir por um corredor secreto. Depois, já tendo escapado dos que o perseguiam, na mata, vê o castelo em chamas e ouve os soluços desesperados de uma mãe. Nesse momento, lembra que três crianças de uma família republicana tinham sido presas como reféns atrás de uma porta de ferro cuja chave está em seu bolso. Já vira centenas de mortos, homens, mulheres, velhos, e não se abalara. Mas a morte de crianças, não, jamais, nunca mais, isso ele não pode permitir! Ele retoma, portanto, o mesmo corredor subterrâneo, e diante dos inimigos assombrados liberta as crianças das chamas. Preso, é condenado à morte. Quando Gauvain toma conhecimento do ato heroico do tio, suas certezas morais ficam abaladas: aquele que se sacrificou para salvar a vida de crianças não mereceria ser perdoado? Ajuda Lantenac a fugir, sabendo que com isso está se condenando. Realmente, fiel à moral intransigente da Revolução, Cimourdain condena Gauvain à guilhotina, apesar de amá-lo como se fosse seu próprio filho. Para Gauvain, o veredicto de morte é justo; ele o aceita sereno. No momento em que a lâmina começa a descer, Cimourdain, o grande revolucionário, dispara uma bala no coração.

O que faz desses personagens os atores de uma tragédia é a total identificação com as convicções pelas quais estão prontos a morrer, e morrem. *A educação sentimental*, escrita cinco anos antes (1869) e que trata também de uma revolução (a de 1848), se passa num universo situado inteiramente do outro lado do trágico: os personagens têm suas opiniões, mas são opiniões leves, sem peso, sem necessidade; tanto que mudam facilmente de opinião, não em função de um profundo reexame intelectual, mas como se mudassem de gravata porque a cor já não agrada. Quando Deslauriers viu Frédéric recusar os 15 mil francos que lhe havia prometido para sua revista, imediatamente "a amizade por Frédéric morreu", e ele "foi invadido pela raiva contra os ricos. Voltou-se para as opiniões de Sénécal e prometeu segui-las". Depois que Madame Arnoux decepcionou Frédéric com sua castidade, ele "desejou, como Deslauriers, uma convulsão universal [...]".

Sénécal, o revolucionário mais furioso, "o democrata", "o amigo do povo", torna-se diretor de fábrica e trata os empregados com arrogância. Frédéric: "Ah, para um democrata você é bem duro!". Sénécal: "A democracia não é a falta de vergonha do individualismo. É o nivelamento comum sob a lei, a repartição do trabalho, a ordem!". Ele volta a ser revolucionário em 1848; depois, de arma na mão, reprime essa mesma revolução. No entanto, não seria justo ver nele um oportunista habituado a virar a casaca. Revolucionário ou contrarrevolucionário, Sénécal é sempre o mesmo. Pois — e essa é uma grande descoberta de Flaubert — a atitude política se apoia não sobre a opinião (essa coisa tão frágil, tão vaporosa!), mas sobre algo menos racional e mais sólido: por exemplo, no caso de Sénécal, uma ligação arquetípica com a ordem, uma raiva arquetípica do indivíduo (da "falta de vergonha do individualismo", como ele diz).

Nada é mais distante de Flaubert do que julgar moralmente seus personagens; a falta de convicções não torna Frédéric ou Deslauriers condenáveis nem antipáticos; aliás, eles estão longe de ser covardes ou cínicos, e sentem muitas vezes necessidade de atos corajosos; no dia da revolução, no meio da multidão, avistando ao lado um homem atingido por uma bala nos rins, Frédéric "atirou-se na frente, furioso [...]". Mas são apenas impulsos passageiros, que não se transformam em atitude durável.

Só o mais ingênuo de todos, Dussardier, se deixa matar por seu ideal. Mas seu lugar no romance é secundário. Numa tragédia, o destino trágico ocupa o primeiro plano da cena. No romance de Flaubert, é só no pano de fundo que se pode entrever sua passagem, fugaz como um vislumbre que se esvanece.

A FADA

Lorde Allworthy tomou dois preceptores para se ocupar do jovem Tom Jones: um, Square, é um homem moderno, aberto aos pensamentos liberais, à ciência, aos filósofos; o outro, o pastor Thwackum, é um conservador para quem a única autoridade é a religião; dois homens letrados mas ao mesmo tempo maldosos e bobos. Eles prefiguram perfeitamente o duo sinistro de *Madame Bovary*: o farmacêutico Homais, apaixonado por ciência e progresso, e, ao lado dele, o intolerante vigário Bournisien.

Por mais sensível que fosse ao papel da tolice na vida, Fielding a via como uma exceção, um acaso, um defeito (detestável ou cômico) que não podia modificar profundamente sua visão do mundo. Em Flaubert, a tolice é diferente: ela não é exceção, acaso, defeito; não é um fenômeno por assim dizer quantitativo, a falta de algumas moléculas de inteligência que pudesse ser curada pela instrução; ela é incurável; presente em todo lugar, no pensamento dos tolos tanto quanto no dos gênios, ela é uma parte indissociável da "natureza humana".

Lembremo-nos do que Sainte-Beuve censurou em Flaubert: em *Madame Bovary*, "o bem está muito ausente". Como? E Charles Bovary? Devotado à mulher, aos doentes, desprovido de qualquer egoísmo, não é ele um herói, um mártir de bondade? Como esquecê-lo, ele, que depois da morte de Emma, tendo sabido de suas infidelidades, não sentiu nenhuma raiva, apenas uma tristeza infinita? Como esquecer a intervenção cirúrgica que ele fez de tão boa vontade no pé manco de Hippolyte, um simples empregado de estrebaria! Todos os anjos planaram então sobre ele, a caridade, a generosidade, o amor ao progresso! Todo mundo o felicitou, e até Emma, sob o efeito do bem, beijou-o emocionada! Alguns dias mais tarde a operação se revela absurda, e Hippolyte, depois de indizíveis sofrimentos, tem a perna amputada. Charles fica abatido e é pateticamente abandonado por todos. Personagem inacreditavelmente bom, e no entanto tão real, ele é sem dúvida muito mais digno de compaixão do que a "benfeitora ativa" de província que tanto enterneceu Sainte-Beuve.

Não, não é verdade que "o bem está muito ausente" em *Madame Bovary*; o nó está noutro lugar: a tolice é que está presente demais; é por causa dela que Charles é inutilizável para o "bom espetáculo" a que Sainte-Beuve gostaria de assistir. Mas Flaubert não quer fazer "bons espetáculos"; ele quer chegar "à alma das coisas". E na alma das coisas, na alma de *todas* as coisas humanas, em todo lugar, ele vê dançar a terna fada da tolice. Essa fada discreta se acomoda maravilhosamente no bem e no mal, no saber e na ignorância, tanto em Emma como em Charles, tanto em você como em mim. Flaubert a introduziu no baile dos grandes enigmas da existência.

A DESCIDA ATÉ O FUNDO NEGRO DE UMA BRINCADEIRA

Quando Flaubert contou o projeto de *Bouvard e Pécuchet* a Turguêniev, este recomendou vivamente que o tratasse de modo muito sucinto. Opinião perfeita de um velho mestre. Pois essa história não pode conservar sua eficácia cômica senão na forma de um relato curto; se fosse longo, se tornaria monótono e desinteressante, quando não completamente absurdo. Mas Flaubert persiste; explica a Turguêniev: "Se [esse assunto] for tratado brevemente, de maneira concisa e ligeira, será uma fantasia mais ou menos espirituosa, mas sem alcance e sem verossimilhança, ao passo que, detalhando e desenvolvendo, eu daria a impressão de acreditar na minha história, podendo fazer dela uma coisa séria e até assustadora".

O processo, de Kafka, baseou-se num desafio artístico muito semelhante. O primeiro capítulo (aquele que Kafka leu para os amigos, que se divertiram muito) poderia ser compreendido (aliás com razão) como uma simples historieta engraçada, uma brincadeira: um sujeito de nome K. é surpreendido uma manhã na cama por dois senhores perfeitamente comuns que lhe anunciam sua prisão sem nenhum motivo, tomam ali mesmo o café da manhã e se comportam em seu quarto com uma arrogância tão natural que K., de pijama, tímido e desajeitado, não sabe o que fazer. Se Kafka não tivesse feito depois desse outros capítulos cada vez mais sombrios, ninguém se espantaria hoje com o fato de seus amigos terem rido tanto. Mas Kafka não queria escrever (retomo os termos de Flaubert:) "uma fantasia mais ou menos espirituosa", ele queria dar a essa situação engraçada um "alcance" maior, "detalhá-la e desenvolvê-la", insistir na sua "verossimilhança" para poder dar "a impressão de acreditar nessa história" e fazer dela "uma coisa séria e mesmo assustadora". Queria descer *até o fundo negro de uma brincadeira*.

Bouvard e Pécuchet, dois aposentados decididos a se apropriar de todos os conhecimentos, são ao mesmo tempo os personagens de uma brincadeira e de um mistério; eles têm conhecimentos muito mais ricos não só do que aqueles que os cercam como também do que todos os possíveis leitores de sua história. Conhecem os fatos, as teorias que lhes dizem respeito e até a argumentação que contesta essas teorias. Será que têm cérebro de papagaio e só fazem repetir aquilo que aprenderam? Nem isso é verdade; eles manifestam muitas vezes um surpreendente bom senso, e lhes damos toda a razão quando se sentem superiores às pessoas que frequentam, ficam indignados com a tolice delas e se recusam a tolerá-la. No entanto, ninguém duvida de que são burros. Mas por que nos parecem burros? Tentem definir a burrice deles! Aliás, tentem definir a burrice como tal! O que é isso,

119

a burrice? A razão é capaz de desmascarar o mal que se esconde perfidamente atrás da bela mentira. Mas diante da burrice a razão é impotente. Não há nada a desmascarar. A burrice não usa máscara. Está lá, inocente. Sincera. Nua. E indefinível.

Revejo diante de mim o grande trio de Victor Hugo: Lantenac, Cimourdain, Gauvain, esses três heróis íntegros, que nenhum interesse pessoal poderia desviar da retidão, e me pergunto: o que lhes dá a força para persistir em suas opiniões, *sem a menor dúvida*, *sem a menor hesitação*, não é a burrice? Uma burrice orgulhosa, digna, como se fosse talhada em mármore? Uma burrice que acompanha fielmente todos os três como outrora uma deusa do Olimpo acompanhava seus heróis até a morte?

Sim, é isso que penso. A burrice não diminui absolutamente a grandeza do herói trágico. Inseparável da "natureza humana", ela está com o homem sempre e em toda parte: na penumbra do quarto como nos palcos iluminados da história.

A BUROCRACIA SEGUNDO STIFTER

Eu me pergunto quem descobriu primeiro o significado existencial da burocracia. Provavelmente Adalbert Stifter. Se a certa altura da vida a Europa Central não se tornasse minha obsessão, talvez eu não tivesse lido tão atentamente esse velho autor austríaco, que à primeira vista me pareceu bastante estranho com suas longas explicações, seu didatismo, seu moralismo, sua castidade. No entanto é ele o escritor-chave da Europa Central do século XIX, a pura flor dessa época e de seu espírito idílico e virtuoso, a que chamamos de Biedermeier! O romance mais importante de Stifter, *Der Nachsommer* (*O veranico*), de 1857, é tão volumoso quanto é simples sua história: um rapaz, Heinrich, durante uma excursão à montanha, é surpreendido pelas nuvens que anunciam tempestade. Ele procura refúgio numa casa cujo proprietário, um velho aristocrata chamado Risach, o acolhe com hospitalidade e fica seu amigo. Esse pequeno castelo tem o belo nome de Rosenhaus, ou "casa das rosas", e Heinrich voltará ali depois regularmente, em geral duas temporadas por ano; no nono ano ele se casa com a afilhada de Risach, e assim termina o romance.

O livro não revela seu sentido profundo até perto do fim, quando Risach se isola com Heinrich e, num longo tête-à-tête, conta-lhe a história de sua vida. Ela reside em dois conflitos: um particular, outro social. É sobre o segundo que me detenho: Risach fora em outros tempos um altíssimo funcionário. Um dia, constatando que o trabalho na administração era contrário ao seu caráter, aos seus gostos e tendências, deixou o emprego e instalou-se no campo, na sua "casa das rosas", para viver ali em harmonia com a natureza e os camponeses, longe da política, longe da história.

Sua ruptura com a burocracia é o resultado não de suas convicções políticas ou filosóficas, mas do conhecimento que tem de si mesmo e de sua incapacidade de ser funcionário. O que é ser funcionário? Risach explica a Heinrich, e essa é, pelo que sei, a primeira (e magistral) descrição "fenomenológica" da burocracia:

À medida que a administração crescia e aumentava, devia contratar um número cada vez maior de empregados, entre eles, inevitavelmente, alguns maus ou muito maus. Foi portanto imperativo criar um sistema que permitisse que as operações necessárias pudessem ser feitas sem que a competência desigual dos funcionários os pervertesse ou diminuísse. "Para tornar mais claro meu pensamento", continua Risach, "eu diria que o relógio ideal deveria ser construído de tal modo que andasse bem mesmo que trocássemos suas peças, substituindo as ruins pelas boas e as boas pelas ruins. Um tal relógio, claro, é inconcebível. Mas a administração só pode existir precisamente dessa forma, ou então, dada a evolução que ela conheceu, desaparecer." Não se exige, assim, de um funcionário que ele compreenda a problemática de que se ocupa a administração, mas apenas que efetue com zelo diversas operações sem compreender, nem tentar compreender, o que se passa nos escritórios vizinhos.

Risach não critica a burocracia, apenas explica por que, do modo como ela é, ele não pôde lhe consagrar sua vida. O que o impediu de ser funcionário foi a incapacidade de obedecer e de trabalhar por objetivos que se encontravam além de seu horizonte. E também "seu respeito pelas coisas como elas são em si mesmas" (*die Ehrfurcht vor den Dingen wie sie an sich sind*), um respeito tão profundo que, durante as negociações, ele defendia não aquilo que os superiores exigiam, mas o que "as coisas exigiam por si mesmas".

Pois Risach é o homem do concreto; ele tem sede de uma vida em que só faria trabalhos cuja utilidade lhe seria compreensível; em que frequentaria apenas pessoas das quais conheceria o nome, a profissão, a casa, os filhos; em que mesmo o tempo seria constantemente percebido e saboreado em seu aspecto concreto: a manhã, o meio-dia, o sol, a chuva, a tempestade, a noite.

Sua ruptura com a burocracia é uma das mais memoráveis rupturas do homem com o mundo moderno. Uma ruptura tão radical quanto pacífica, como convém à atmosfera idílica dessa estranha obra romântica do Biedermeier.

O MUNDO VIOLADO DO CASTELO E DA VILA

Max Weber foi o primeiro dos sociólogos para quem o "capitalismo e a sociedade moderna em geral" são caracterizados *sobretudo* pela "racionalização burocrática". Ele não considera a revolução socialista (que na época era apenas um projeto) nem perigosa, nem salutar; ela lhe parece simplesmente inútil, porque é incapaz de resolver o problema principal da modernidade, a saber, a "burocratização" (*Bürokratisierung*) da vida social, que segundo ele prosseguirá inexoravelmente, qualquer que seja o sistema de propriedade dos meios de produção.

Weber formula suas ideias sobre a burocracia entre 1905 e 1920, o ano de sua morte. Sou tentado a assinalar que um romancista, no caso Adalbert Stifter, teve consciência da importância fundamental da burocracia cinquenta anos antes do grande sociólogo. Mas me proíbo de entrar na controvérsia entre a arte e a ciência sobre a prioridade de suas descobertas, pois uma e outra não visam à mesma coisa. Weber fez uma análise sociológica, histórica, política do fenômeno da burocracia. Stifter se colocava outra questão: viver num mundo burocratizado, o que isso significa *in concreto* para um homem? Como sua existência é transformada em função disso?

Cerca de sessenta anos depois de *Der Nachsommer*, Kafka, esse outro centro-europeu, escreveu *O castelo*. Para Stifter, o mundo do castelo e da vila representava o oásis em que o velho Risach se refugiara para escapar da carreira de alto funcionário, para viver finalmente feliz com os vizinhos, os animais, as árvores, com as "coisas como elas são em si mesmas". Esse mundo, no qual se situam muitas outras obras de Stifter (e de seus discípulos), tornou-se para a Europa Central o símbolo de uma vida idílica e ideal. E é esse mundo, um castelo com um vilarejo pacífico, que Kafka, leitor de Stifter, faz invadir com escritórios, um exército de funcionários, uma avalanche de dossiês! Cruel, ele viola o símbolo sagrado do idílio antiburocrático, impondo-lhe o significado precisamente oposto: o da vitória total da burocratização total.

O SENTIDO EXISTENCIAL DO MUNDO BUROCRATIZADO

Há muito tempo a revolta de um Risach rompendo com sua vida de funcionário não é mais possível. A burocracia tornou-se onipresente, e dela não escaparemos em nenhum lugar; em nenhum lugar se encontrará uma "casa das rosas" para nela viver em contato íntimo com as "coisas como elas são em si mesmas". Do mundo de Stifter, irrevogavelmente, passamos para o mundo de Kafka.

Quando, no passado, meus pais partiam em férias, compravam os bilhetes na estação dez minutos antes da partida do trem; ficavam num hotel no campo, onde, no último dia, pagavam a conta ao dono em dinheiro. Viviam ainda no mundo de Stifter.

Minhas férias se passam em outro mundo: compro os bilhetes com dois meses de antecedência enfrentando fila numa agência de viagens; ali, uma burocrata se ocupa de mim e telefona para a Air France, onde outros burocratas com os quais jamais terei contato me reservam um lugar num avião e registram meu nome com um número numa lista de passageiros; meu quarto, eu o reservo também com antecedência, telefonando para uma recepcionista que toma nota do meu pedido num computador que processa essa pequena informação; no dia da minha partida, os burocratas de um sindicato, depois de uma discussão com os burocratas da Air France, desencadeiam uma greve. Após inúmeras ligações telefônicas feitas por mim, e sem pedir desculpas (ninguém jamais pedia desculpas a K.; a burocracia está acima da polidez), a Air France me reembolsa, e eu compro uma passagem de trem; durante a viagem, pago em toda parte com cartão de crédito, e cada um dos meus jantares é registrado pelo banco em Paris e assim colocado à disposição de outros burocratas, por exemplo os do fisco ou, no caso de eu ser suspeito de algum crime, da polícia. Para minhas pequenas férias, toda uma brigada de burocratas se põe em movimento, e eu mesmo me transformo em burocrata de minha própria vida (preenchendo formulários, enviando reclamações, organizando documentos em meus arquivos).

A diferença entre a vida de meus pais e a minha é impressionante; a burocracia infiltrou-se em todo o tecido da vida: "K. jamais vira em lugar nenhum a administração e a vida misturadas a esse ponto, tão misturadas que às vezes tínhamos a impressão de que a administração e a vida haviam tomado o lugar uma da outra" (*O castelo*). Na mesma hora, todos os conceitos da existência mudaram de sentido:

O conceito de *liberdade*: nenhuma instituição proíbe o agrimensor K. de fazer o que quer; mas, com toda essa liberdade, o que ele pode fazer? O que é que um cidadão, com todos os seus direitos, pode mudar no ambiente mais próximo de si, no estacionamento que constroem embaixo de sua casa, no alto-falante estridente que instalam diante de sua janela? Sua liberdade é tão ilimitada quanto impotente.

O conceito de *vida privada*: ninguém tem a intenção de impedir K. de fazer amor com Frieda, mesmo ela sendo a amante do onipotente Klamm; no entanto, ele é seguido em toda parte pelos olhos do castelo, e seus coitos são perfeitamente observados e anotados; os dois ajudantes que lhe deram estão lá para isso. Quando K. se queixa de como são importunos, Frieda protesta: "O que você tem contra os ajudantes, querido? Não temos nada a esconder deles". Ninguém contestará nosso direito à vida privada, mas ela já não é o que era antes: nenhum segredo a protege; onde quer que estejamos, nossos traços ficam nos computadores; "Não temos nada a esconder deles", diz Frieda; o segredo, nem o exigimos mais; a vida privada não exige mais ser privada.

O conceito de *tempo*: quando um homem se opõe a outro, dois tempos iguais se opõem: dois tempos iguais de vida mortal. Ora, hoje não somos mais confrontados um com o outro, mas com as administrações, cuja existência não conhece nem a juventude, nem a velhice, nem a fadiga, nem a morte, e se passa *fora do tempo humano*: o homem e a administração vivem dois tempos diferentes. Leio no jornal a história corriqueira de um pequeno industrial francês que foi à falência porque um de seus clientes não pagou seus débitos. Ele se sente inocente, quer se defender na justiça, mas logo desiste: seu caso não seria resolvido antes de quatro anos: o processo é longo, a vida é curta. O que me lembra o negociante Block, de *O processo*, de Kafka: seu processo se arrasta por cinco anos e meio sem nenhum julgamento; nesse meio-tempo, ele teve de abandonar os negócios, pois "quando alguém quer fazer alguma coisa por seu processo, não pode se ocupar de mais nada" (*O processo*). Não é a crueldade que esmaga o agrimensor K., mas o tempo não humano do castelo; o homem pede audiências, o castelo as adia; o litígio se prolonga, a vida acaba.

Depois, a *aventura*: outrora, essa palavra expressava a exaltação da vida concebida como liberdade; uma corajosa decisão individual desencadeava uma surpreendente sucessão de ações, todas livres e deliberadas. Mas esse conceito de aventura já não corresponde ao que vive K. Ele chega ao vilarejo porque, depois de uma série de desentendimentos entre dois departamentos do castelo, lhe enviaram uma convocação por engano. Não foi sua vontade, mas um *erro administrativo* que provocou sua aventura, a qual não tem nada a ver, ontologicamente, com a de um Dom Quixote ou a de um Rastignac. Por causa da imensidão do aparelho burocrático, os erros se tornam estatisticamente inevitáveis; a utilização dos computadores faz com que eles sejam ainda menos reparáveis e ainda mais irreparáveis. Em nossa vida, em que tudo é planejado, determinado, o único inesperado possível é um erro da máquina administrativa, com as consequências imprevisíveis. O erro burocrático passou a ser a única poesia (poesia noir) de nossa época.

Ao conceito de aventura se justapõe o de *combate*: K. pronuncia muitas vezes essa palavra quando fala de sua contenda com o castelo. Mas em que consiste o combate? Em alguns vãos encontros com os burocratas e numa longa espera. Não há luta corpo a corpo; nossos adversários não têm corpo: seguradoras, previdência social, câmara de comércio, justiça, fisco, polícia, prefeitura, administração regional. Combatemos passando horas e horas em escritórios, salas de espera, arquivos. No fim do combate, o que nos espera? Uma vitória? Algumas vezes. Mas uma vitória, o que é? Segundo o testemunho de Max Brod, Kafka imaginava este fim para *O castelo*: depois de todos os seus embates, K. morre de cansaço; ele está em seu leito de morte quando (cito Brod:) "chega do castelo a decisão declarando que ele realmente não tem direito de cidadania no vilarejo, mas que assim mesmo o autorizam a viver e trabalhar ali em consideração a certas circunstâncias secundárias".

AS FASES DA VIDA DISSIMULADAS ATRÁS DA CORTINA

Deixo desfilarem diante de mim os romances de que me lembro e tento precisar a idade dos protagonistas. Curiosamente, são todos mais jovens do que parecem na minha memória. Isso porque eles representavam para os autores mais uma situação humana em geral do que a situação específica de uma idade. No fim de suas aventuras, depois de ter compreendido que não quer mais viver no mundo que o cerca, Fabrice Del Dongo vai para o convento. Sempre adorei essa conclusão. Só que Fabrice ainda é muito jovem. Quanto tempo um homem da sua idade, tão dolorosamente decepcionado, suportaria viver num convento? Stendhal resolveu essa questão deixando Fabrice morrer depois de passar apenas um ano no convento. Míchkin tem 26 anos; Rogójin, 27; Nastássia Filíppovna, 25; Aglaia só tem vinte, e é justamente ela, a mais moça, que no fim destruirá, com suas iniciativas irracionais, a vida de todos os outros. No entanto, a imaturidade desses personagens não é examinada como tal. Dostoiévski conta o drama dos seres humanos, não o drama da juventude.

Romeno de nascimento, Cioran, com a idade de 26 anos, instala-se em Paris em 1937; dez anos depois, edita seu primeiro livro escrito em francês e torna-se um dos grandes escritores franceses de seu tempo. Nos anos 1990, a Europa, outrora tão indulgente para com o nazismo nascente, atira-se contra suas sombras com corajosa combatividade. O tempo do grande acerto de contas com o passado começa, e as opiniões fascistas do jovem Cioran da época em que vivia na Romênia tornam-se subitamente a atualidade. Em 1995, aos 84 anos, ele morre. Abro um grande jornal parisiense: em duas páginas, uma série de artigos necrológicos. Nem uma palavra sobre sua obra: foi sua juventude romena que horrorizou, fascinou, indignou, inspirou os escribas fúnebres. Eles vestiram o cadáver do grande escritor francês com uma roupa folclórica romena e o forçaram, no caixão, a levantar o braço fazendo uma saudação fascista.

Algum tempo depois, li um texto que Cioran escrevera em 1949, quando tinha 38 anos: "[...] não podia nem mesmo imaginar meu passado; e quando agora penso nele, parece-me lembrar os anos de um *outro*. E é esse outro que eu renego, todo 'eu mesmo' está noutro lugar, a mil léguas daquele que ele foi". E mais adiante: "Quando repenso [...] todo o delírio do meu eu de então [...] parece que estou me debruçando sobre as obsessões de um estrangeiro, e fico estupefato de saber que esse estrangeiro era eu".

O que me interessa nesse texto é o *espanto* do homem que não consegue encontrar nenhuma ligação entre seu "eu" presente e aquele do passado, que fica estupefato diante do enigma da sua identidade. Mas me digam: esse espanto é sincero? Claro que sim! Em sua versão ordinária, todo mundo o conhece: como você pôde levar a sério essa corrente filosófica (religiosa, artística, política)? Ou então (mais banalmente): como pôde ter se apaixonado por uma mulher tão tola (por um homem tão estúpido)? Ora, se para a maioria das pessoas a juventude passa depressa e seus desatinos se evaporam sem deixar traços, a de Cioran se petrificou; não se pode caçoar com o mesmo sorriso condescendente de um amante ridículo e do fascismo.

Estupefato, Cioran olhou para seus anos de juventude e se exaltou (cito sempre o mesmo texto de 1949): "A infelicidade é um feito dos jovens. São eles que promovem as doutrinas da intolerância e as colocam em prática; são eles que precisam de sangue, de gritos, de tumulto, de barbárie. Na época em que eu era jovem, toda a Europa acreditava na juventude, toda a Europa a empurrava para a política, para os problemas de Estado".

Os Fabrices Del Dongo, Aglaias, Nastássias, Míchkins, quantos deles vejo em torno de mim! Estão todos no começo da viagem em meio ao desconhecido; sem nenhuma dúvida, eles erram, mas é um erro singular: erram sem saber que estão errando; pois a inexperiência deles é dupla: não conhecem o mundo e não se conhecem; só quando virem isso com o distanciamento da idade adulta é que seu erro irá aparecer-lhes como erro; e mais: só com esse distanciamento é que eles terão condições de compreender a noção mesma de erro. Por enquanto, nada sabendo do olhar que o futuro lançará um dia sobre sua juventude, defendem as próprias convicções com muito mais agressividade do que um homem adulto, que já passou pela experiência da fragilidade das certezas humanas.

A exaltação de Cioran contra a juventude revela uma evidência: visto a partir de cada ponto de observação erguido sobre a linha traçada entre a vida e a morte, o mundo aparece de forma diferente, e as atitudes de quem para ali se transformam; ninguém compreenderá o outro sem compreender *primeiro* a idade dele. Na verdade, isso é tão evidente, ah, como é evidente! Mas só as pseudoevidências ideológicas são visíveis numa primeira abordagem. Quanto mais evidente é uma evidência existencial, menos ela é visível. As fases da vida se dissimulam atrás da cortina.

LIBERDADE DA MANHÃ, LIBERDADE DA NOITE

Quando Picasso pintou seu primeiro quadro cubista, tinha 26 anos: no mundo inteiro, muitos outros pintores de sua geração juntaram-se a ele e o seguiram. Se um sexagenário tivesse então se precipitado para imitá-lo fazendo cubismo, teria parecido (com razão) grotesco. Pois a liberdade de um jovem e a liberdade de um velho são continentes que não se encontram.

"Jovem, você fica forte quando acompanhado; velho, na solidão", escreveu Goethe (o velho Goethe) num epigrama. Realmente, quando os jovens começam a atacar as ideias reconhecidas, as formas estabelecidas, gostam de se agrupar em bandos; quando Derain e Matisse, no começo do século XX, passavam juntos longas semanas nas praias de Colliure, pintavam quadros parecidos, marcados pela mesma estética fauve; no entanto nenhum dos dois se sentia o epígono do outro — e na verdade nem um nem outro o eram.

Numa solidariedade divertida, os surrealistas saudaram a morte de Anatole France com um panfleto necrológico memoravelmente tolo: "Teus semelhantes, cadáver, não gostamos deles!", escreveu Éluard, aos 29 anos de idade. "Com

Anatole France, é um pouco da servidão humana que parte. Que seja de festa o dia em que se enterra a falsidade, o tradicionalismo, o patriotismo, o oportunismo, o ceticismo, o realismo e a falta de coração!", escreveu Breton, aos 28. "Que aquele que acaba de morrer [...] se transforme de uma vez por todas em fumaça! Resta pouca coisa de um homem: é ainda mais revoltante imaginar deste, que, afinal de contas, existiu", escreveu Aragon, aos 27 anos.

As palavras de Cioran me voltam à memória a propósito dos jovens e da necessidade que eles têm "de sangue, de gritos, de tumulto [...]", mas tenho pressa de acrescentar que esses jovens poetas que mijavam no cadáver de um grande romancista nem por isso deixavam de ser verdadeiros poetas, poetas admiráveis; seu gênio e sua tolice jorravam da mesma fonte. Eles eram violentamente (liricamente) agressivos em relação ao passado e com a mesma violência (lírica) devotados ao futuro, de que se consideravam os mandatários e que viam como que abençoando sua alegre mijada coletiva.

Depois chega o momento em que Picasso fica velho. Está só, abandonado por seu grupo, abandonado também pela história da pintura, que tomou nesse meio-tempo outra direção. Sem lamentos, com um prazer hedonista (nunca sua pintura transbordou tanto bom humor), ele se instala na casa de sua arte, sabendo que o novo não se encontra apenas na frente, na grande estrada, mas também à esquerda, à direita, no alto, embaixo, atrás, em todas as direções possíveis desse mundo inimitável que é só dele (pois ninguém irá imitá-lo: os jovens imitam os jovens; os velhos não imitam os velhos).

Não é fácil para um jovem artista inovador seduzir o público e se fazer amar. Mas quando, mais tarde, inspirado por sua liberdade vesperal, ele transforma ainda uma vez seu estilo e abandona a imagem que faziam dele, o público hesita em segui-lo. Ligado a uma jovem companhia de cinema italiano (esse grande cinema que não existe mais), Federico

Fellini gozou durante muito tempo de admiração unânime; *Amarcord* (1973) foi seu último filme cuja beleza lírica provocou o acordo do mundo inteiro.

Depois, sua fantasia se solta ainda mais, o olhar se aguça; a poesia se torna antilírica; o modernismo, antimoderno; os sete filmes de seus quinze últimos anos são um retrato implacável do mundo em que vivemos: *Casanova* (imagem de uma sexualidade exibida chegando a imagens grotescas); *Ensaio de orquestra*; *A cidade das mulheres*; *E la nave va* (um adeus à Europa, cujo navio vai em direção ao nada, acompanhado por árias de ópera); *Ginger e Fred*; *Entrevista* (um grande adeus ao cinema, à arte moderna, à arte em geral); *A voz da lua* (o adeus final). Ao longo desses anos, irritados ao mesmo tempo com sua estética muito exigente e com o olhar de desencanto que ele coloca sobre o mundo contemporâneo, os salões, a imprensa, o público (e até os produtores) vão dando as costas a Fellini; não devendo mais nada a ninguém, ele saboreia a "alegre irresponsabilidade" (eu o cito) de uma liberdade que até então não conhecera.

Durante os dez últimos anos de sua vida, Beethoven não tem mais nada a esperar de Viena, de sua aristocracia, de seus músicos, que o veneram, mas não o ouvem mais; ele também não os ouve mais, mas não porque esteja surdo; está no apogeu de sua arte; suas sonatas e seus quartetos não se parecem com nada, pela complexidade da construção estão longe do classicismo sem estar, no entanto, próximos da espontaneidade fácil dos jovens românticos; na evolução da música, ele tomou uma direção que não foi seguida; sem discípulos, sem sucessores, a obra de sua liberdade vesperal é um milagre, uma ilha.

Parte 7
O ROMANCE, A MEMÓRIA, O ESQUECIMENTO

AMÉLIE

Mesmo quando ninguém mais ler os romances de Flaubert, a frase "Madame Bovary sou eu" não será esquecida. Essa frase famosa, Flaubert nunca a escreveu. Nós a devemos a uma srta. Amélie Bosquet, romancista medíocre que manifestou afeição pelo amigo Flaubert demolindo *A educação sentimental* com dois artigos especialmente bobos. A alguém cujo nome permaneceu desconhecido, essa tal Amélie confidenciou uma informação muito preciosa: um dia, ela perguntou a Flaubert que mulher fora o modelo de Emma Bovary, e ele lhe teria respondido: "Madame Bovary sou eu!". Impressionado, o desconhecido passou a informação para um certo sr. Deschernes, que, igualmente impressionado, a espalhou. As montanhas de comentários inspirados por esse apócrifo dizem muito sobre a futilidade da teoria literária, que, impotente diante de uma obra de arte, proclama ao infinito clichês sobre a psicologia do autor. Elas dizem muito também sobre aquilo a que chamamos de memória.

O ESQUECIMENTO QUE APAGA,
A MEMÓRIA QUE TRANSFORMA

Recordo a classe ginasial à qual eu ensinava vinte anos depois do bacharelado: J. dirigiu-se alegremente a mim: "Vejo sempre você dizendo ao nosso professor de matemática: 'Merda, senhor professor!'". Ora, a fonética tcheca da palavra "merda" sempre me repugnou, e eu tinha certeza de nunca ter dito isso. Mas todo mundo em volta caiu na gargalhada, parecendo lembrar-se da minha bela declaração. Compreendendo que meu desmentido não convenceria ninguém, sorri com modéstia e sem protestar, pois, acrescento com vergonha, me agradou ver que estava sendo transformado em herói soltando aquele palavrão na cara do maldito professor.

Todo mundo viveu histórias semelhantes. Quando alguém cita alguma coisa que dissemos numa conversa, nunca nos reconhecemos; nossas afirmações são na melhor hipótese brutalmente simplificadas, algumas vezes pervertidas (quando se leva a sério a nossa ironia) e muitas vezes não correspondem a nada que já tenhamos dito ou pensado. E não devemos nos espantar nem indignar, porque é a evidência das evidências: o homem é separado do seu passado (mesmo do passado de alguns segundos atrás) por duas forças que entram em ação imediatamente e cooperam entre si: a força do esquecimento (que apaga) e a força da memória (que transforma).

É a evidência das evidências, mas é difícil de admitir, pois quando pensamos nisso a fundo, em que se transformam os testemunhos sobre os quais se baseia a historiografia, em que se transformam nossas certezas sobre o passado, em que se transforma a própria história, à qual nos referimos todos os dias, com credulidade, candidamente, espontaneamente? Atrás da fronteira do incontestável (não há dúvida de que Napoleão perdeu a batalha de Waterloo) estende-se um espaço infinito, o espaço do aproximativo, do inventado, do deformado, do simplificado, do exagerado, do mal-entendido, um espaço infinito de não verdades que copulam, se multiplicam como ratos e se imortalizam.

O ROMANCE COMO UTOPIA DE UM MUNDO
QUE NÃO CONHECE O ESQUECIMENTO

A atividade perpétua do esquecimento dá a cada um de nossos atos um caráter fantasmagórico, irreal, nebuloso. O que comemos anteontem no almoço? O que me contou ontem o meu amigo? E mesmo: o que eu estava pensando há três segundos? Tudo isso foi esquecido, e (o que é mil vezes pior!) não merece outra coisa. Contra nosso mundo real, que por natureza é fugaz e digno de esquecimento, as obras de arte se apresentam como outro mundo, um mundo ideal, sólido, em que cada detalhe tem sua importância, seu sentido, em que tudo que ali se encontra, cada palavra, cada frase, merece ser inesquecível e foi concebido como tal.

No entanto, a percepção da arte também não escapa ao poder do esquecimento. Com tal precisão que, em relação ao esquecimento, as artes se encontram cada uma numa posição diferente. Desse ponto de vista, a poesia é privilegiada. Quem lê um soneto de Baudelaire não consegue saltar uma só palavra. Se gostar dele, vai lê-lo várias vezes, e talvez em voz alta. Se o adorar, vai aprender a recitá-lo de cor. A poesia lírica é uma fortaleza de memória.

O romance, ao contrário, no que tange ao esquecimento, é um castelo precariamente fortificado. Se conto uma hora de leitura para vinte páginas, um romance de quatrocentas páginas me tomará vinte horas, portanto cerca de uma semana. Raramente temos uma semana inteira livre. É mais provável que, entre as sessões de leitura, se introduzam pausas de muitos dias, nas quais o esquecimento logo se instalará. Mas não é só nas pausas que o esquecimento trabalha, ele participa da leitura de modo contínuo, sem a menor trégua; virando uma página, já esqueço o que acabei de ler; não guardo mais que uma espécie de resumo indispensável à compreensão daquilo que virá depois, enquanto todos os de-

136

talhes, as pequenas observações, as fórmulas admiráveis já se apagaram. Um dia, depois de muitos anos, terei vontade de comentar esse romance com um amigo; então iremos constatar que nossas memórias, não tendo guardado da leitura senão algumas migalhas, reconstruíram dois livros inteiramente diferentes.

E no entanto o romancista escreve seu romance como se escrevesse um soneto. Reparem! Está maravilhado com a composição que vê desenhar-se diante de si: o menor detalhe é importante para ele; transforma-o em motivo, e o fará voltar em muitas repetições, variações, alusões, como numa fuga. É por isso que tem certeza de que a segunda parte de seu romance será ainda mais bela, mais forte que a primeira; pois quanto mais avançarmos nas salas do castelo, mais os ecos das frases já pronunciadas, dos temas já expostos se multiplicarão e, associados em acordes, ressoarão de todos os lados.

Penso nas últimas páginas de *A educação sentimental*: depois de ter interrompido há muito tempo os flertes com a história, de ter visto pela última vez Madame Arnoux, Frédéric se encontra com Deslauriers, seu amigo de mocidade. Melancólicos, comentam a primeira visita deles a um bordel: Frédéric tem quinze anos; Deslauriers, dezoito; chegam lá como apaixonados, cada um levando um grande buquê de flores; as moças riem, Frédéric foge, em pânico, por timidez, e Deslauriers o acompanha. A lembrança é bela, pois recorda a velha amizade que eles depois muitas vezes traíram, mas que, com o distanciamento de trinta anos, permanece um valor, talvez o mais precioso de todos, mesmo que já não lhes pertença mais. "Foi o que tivemos de melhor", diz Frédéric, e Deslauriers repete a frase, com a qual termina a educação sentimental deles e o romance.

Esse final não encontrou muita adesão. Acharam-no vulgar. Vulgar? Poderia imaginar outra objeção, mais convincente: terminar um romance com um novo motivo é um de-

137

feito de composição; como se nos últimos compassos de uma sinfonia, em vez de voltar ao tema principal, o compositor introduzisse de repente uma nova melodia.

Sim, essa outra objeção é mais convincente, só que o motivo da visita ao bordel não é novo; ele não aparece "de repente"; foi exposto no começo do romance, no fim do segundo capítulo da primeira parte: Frédéric e Deslauriers, muito jovens, haviam passado um ótimo dia juntos (todo esse capítulo é dedicado à amizade deles), e ao se separarem, olham na direção da "*rive gauche*, [onde] brilha uma luz na janela de uma casa térrea". Nesse momento Deslauriers tira o chapéu teatralmente e pronuncia com ênfase algumas frases enigmáticas. "Essa alusão a uma aventura comum os enche de alegria. Eles riem bem alto, pelas ruas." No entanto Flaubert não diz nada do que foi essa "aventura comum"; ele a reserva para contar no fim do romance, de modo que o eco de um riso alegre (aquele que ressoava "bem alto, pelas ruas") se una à melancolia das frases finais num único acorde requintado.

Mas se durante todo o tempo em que escrevia o romance Flaubert escutava esse belo riso de amizade, o leitor, este o esquece logo, e quando chega ao fim, a evocação da visita ao bordel não desperta nele nenhuma lembrança; ele não ouve nenhuma música com acorde requintado.

O que deve fazer o romancista diante desse esquecimento devastador? Não ligará a mínima e construirá o romance como um indestrutível castelo do inesquecível, apesar de saber que o leitor só vai percorrê-lo distraído, rápido, esquecido, sem jamais morar nele.

A COMPOSIÇÃO

Anna Kariênina é composto de duas linhas de narração: a de Anna (o drama do adultério e do suicídio) e a de Levine (a vida de um casal mais ou menos feliz). No fim da sétima parte, Anna se suicida. Segue-se a última parte, a oitava, consagrada exclusivamente à linha de Levine. Eis uma transgressão muito nítida da convenção; pois para todo leitor a morte da heroína é o único fim possível de um romance. Ora, na oitava parte, a heroína não está mais em cena; não resta de sua história senão um eco errante, os passos ligeiros de uma lembrança que se afasta; e é belo; e é verdadeiro; só Vrónski fica desesperado e parte para a Sérvia a fim de procurar a morte na guerra contra os turcos; e mesmo a grandeza de seu ato é relativizada: a oitava parte se desenrola quase inteiramente na fazenda de Levine, que durante as conversas caçoa da histeria pan-eslava dos voluntários que vão guerrear pelos sérvios; aliás, essa guerra preocupa Levine muito menos do que as meditações sobre o homem e sobre Deus; elas aparecem em fragmentos durante sua atividade de fazendeiro, confundidas com a prosa de sua vida cotidiana, que se fecha como um esquecimento final sobre um drama de amor.

Ao colocar a história de Anna no vasto espaço do mundo, no qual ela acaba se fundindo na imensidão do tempo governado pelo esquecimento, Tolstói obedeceu à propensão fundamental da arte do romance. Pois a narração tal qual existe desde a noite dos tempos tornou-se romance no momento em que o autor não se contentou mais com uma simples *story*, mas abriu bem as grandes janelas sobre o mundo que se estendia ao redor. Assim se juntaram a uma *story* outras *stories*, episódios, descrições, observações, reflexões, e o autor se encontrou diante de uma matéria muito complexa, muito heterogênea, à qual era obrigado, como um arquiteto, a imprimir uma forma; desse modo, para a arte do romance, desde o começo de sua existência, a composição (a arquitetura) adquiriu importância primordial.

Essa importância excepcional da composição é um dos signos genéticos da arte do romance; ela o distingue das outras artes literárias, das peças de teatro (em que a liberdade estrutural é estritamente limitada pela duração de uma representação e pela necessidade de captar sem cessar a atenção do espectador) e também da poesia. A propósito, não é quase chocante que Baudelaire, o incomparável Baudelaire, tenha podido utilizar os mesmos alexandrinos e a mesma forma de soneto que inumeráveis multidões de poetas antes e depois dele? Mas é essa a arte do poeta: sua originalidade se manifesta pela arte de sua imaginação, não pela arquitetura do conjunto; ao contrário, a beleza do romance é inseparável de sua arquitetura; digo a beleza porque a composição não é um simples savoir-faire técnico, ela traz em si a originalidade do estilo do autor (todos os romances de Dostoiévski são baseados no mesmo princípio de composição); e é também a marca de identidade de cada romance em particular (no interior desse princípio comum, cada romance de Dostoiévski tem sua arquitetura inimitável). A importância da composição é ainda mais marcante nos grandes romances do século xx: *Ulysses*, com seu leque de estilos diferentes; *Ferdydurke*, cuja história "picaresca" é dividida em três partes por dois interlúdios cômicos sem nenhuma ligação com a ação do romance; o terceiro volume de *Os sonâmbulos*, que integra num único conjunto cinco "gêneros" diferentes (romance, novela, reportagem, poesia, ensaio); *Palmeiras selvagens*, de Faulkner, composto de duas histórias inteiramente autônomas que não se encontram; etc. etc.

Quando, um dia, a história do romance estiver terminada, que destino será reservado aos grandes romances que restarão dela? Alguns serão impossíveis de contar, portanto inadaptáveis (como *Pantagruel*, como *Tristram Shandy*, como *Jacques, o Fatalista*, como *Ulysses*). Sobreviverão ou desaparecerão tal como são. Outros, graças à *story* que contam, parecem recontáveis (como *Anna Kariênina*, como *O idiota*, como

140

O processo), e são, portanto, adaptáveis para o cinema, para a televisão, para o teatro, para as histórias em quadrinhos. Mas essa "imortalidade" é uma quimera! Porque para fazer de um romance uma peça de teatro ou um filme é preciso primeiro decompor sua composição; reduzi-lo a sua simples *story*, renunciar a sua forma. Mas o que resta de uma obra de arte se a privamos de sua forma? Pensamos prolongar a vida de um romance com uma adaptação, e na verdade não fazemos outra coisa senão construir um mausoléu onde apenas uma pequena inscrição sobre o mármore lembra o nome de quem já não está mais ali.

UM NASCIMENTO ESQUECIDO

Quem ainda se lembra, hoje, da invasão da Tchecoslováquia pelo Exército russo, em agosto de 1968? Na minha vida, foi um incêndio. No entanto, se redigisse minhas lembranças daquele tempo, o resultado seria pobre, certamente cheio de erros, de mentiras involuntárias. Mas ao lado da *memória factual*, existe outra: meu pequeno país me pareceu privado do último vestígio de independência, engolido para sempre por um imenso mundo estrangeiro; acreditei que assistia ao começo de sua agonia; claro, minha avaliação da situação era falsa; mas apesar desse erro (ou melhor, graças a ele) uma grande experiência ficou gravada na minha memória existencial: sei desde então aquilo que nenhum francês, nenhum americano pode saber; sei o que é para um homem viver a morte de sua nação.

Hipnotizado pela imagem de sua morte, pensei em seu nascimento, mais exatamente em seu segundo nascimento, seu renascimento depois dos séculos XVII e XVIII, durante os quais, desaparecida dos livros, das escolas, das administrações, a língua tcheca (outrora a grande língua de Jan Hus e de Comenius) vivia ao lado do alemão como idioma doméstico; pensei nos escritores e artistas tchecos do século XIX, que num tempo maravilhosamente curto haviam despertado uma nação adormecida; pensei em Bedřich Smetana, que nem sabia escrever corretamente em tcheco, que escrevia seus diários pessoais em alemão e era, no entanto, a personalidade mais emblemática da nação. Situação única: os tchecos, todos bilíngues, tinham então a oportunidade de escolher: nascer, ou não nascer; ser, ou não ser. Um deles, Hubert Gordon Schauer, teve a coragem de formular sem constrangimento a essência do jogo: "Não seríamos mais úteis à humanidade se uníssemos nossa energia espiritual à cultura de uma grande nação, que se encontra num nível muito mais elevado do que a cultura tcheca nascente?". E mesmo assim eles preferiram a sua cultura nascente à cultura madura dos alemães.

Tentei compreendê-los. Em que consistia a magia da sedução patriótica? Seria o charme de uma viagem em meio ao desconhecido? A nostalgia de um grande passado já vivido? Uma nobre generosidade preferindo o fraco ao poderoso? Ou então seria o prazer de pertencer a um bando de amigos ávidos de criar um mundo novo ex nihilo? De criar não só um poema, um teatro, um partido político, mas toda uma nação, mesmo com a língua meio morta. Estando separado dessa época apenas por três ou quatro gerações, fiquei espantado com minha incapacidade de me colocar na pele de meus ancestrais, de recriar na imaginação a situação concreta que eles tinham vivido.

Pelas ruas perambulavam soldados russos; eu ficava horrorizado com a ideia de que uma força esmagadora nos impediria de ser o que éramos, e ao mesmo tempo constatava surpreso que não sabia como nem por que tínhamos nos tornado aquilo que éramos; não tinha nem tanta certeza de que, um século antes, teria escolhido ser tcheco. Não era o conhecimento dos fatos históricos que me faltava. Eu carecia de outro conhecimento, aquele que, como teria dito Flaubert, adentra a alma de uma situação histórica e apreende seu conteúdo humano. Talvez um romance, um grande romance, tivesse podido me fazer compreender como os tchecos de então teriam vivido sua decisão. Ora, esse romance não foi escrito. Existem casos em que a ausência de um romance é irremediável.

O ESQUECIMENTO INESQUECÍVEL

Alguns meses depois de ter deixado para sempre meu pequeno país sequestrado, eu estava na Martinica. Talvez, por algum tempo, quisesse esquecer minha condição de emigrante. Mas foi impossível: hipersensível como era em relação ao destino dos países pequenos, ali tudo me lembrava a Boêmia; ainda mais que meu encontro com a Martinica se deu no momento em que sua cultura estava apaixonadamente em busca da própria personalidade.

O que conhecia eu dessa ilha? Nada. A não ser o nome de Aimé Césaire, cuja poesia eu lera aos dezessete anos, logo depois da guerra, traduzida numa revista tcheca de vanguarda. A Martinica era para mim a ilha de Aimé Césaire. E, com efeito, foi assim que ela passou a existir para mim quando ali pus os pés. Césaire era então o prefeito de Fort de France. Vi todos os dias, perto da prefeitura, multidões que esperavam para falar com ele, fazer-lhe confidências, pedir conselhos. Certamente nunca mais verei tamanho contato íntimo, carnal, entre o povo e aquele que o representa.

O poeta como fundador de uma cultura, de uma nação, isso eu conheci muito bem na minha Europa Central; assim eram Adam Mickiewicz na Polônia, Sándor Petőfi na Hungria, Karel Hynek Mácha na Boêmia. Mas Mácha era um poeta maldito; Mickiewicz, um emigrante; Petőfi, um jovem revolucionário, morto em 1849 numa batalha. Nunca lhes foi dado conhecer o que Césaire conheceu: o amor abertamente declarado dos seus. E além disso, Césaire não é um romântico do século XIX, é um poeta moderno, herdeiro de Rimbaud, amigo dos surrealistas. Se a literatura dos pequenos países centro-europeus é enraizada na cultura do romantismo, a da Martinica (e de todas as Antilhas) nasceu (e isso me encantou!) da estética da arte moderna!

Foi um poema do jovem Césaire que desencadeou tudo: "Cahier d'un retour au pays natal" (1939); a volta de um negro para uma ilha antilhana de negros; sem nenhum romantismo, nenhuma idealização (Césaire não fala dos pretos, fala expressamente dos negros), o poema se pergunta, brutalmente: *quem somos nós?* Meu Deus, realmente, quem são eles, aqueles negros das Antilhas? Foram deportados da África para lá no século XVII; mas de onde exatamente? De que tribo faziam parte? Qual era a língua deles? O passado foi esquecido. Guilhotinado. Guilhotinado por uma longa viagem nos porões, entre cadáveres, gritos, choro, sangue, suicídios, assassinatos; nada restou depois dessa passagem pelo inferno; nada a não ser o esquecimento: *o esquecimento fundamental e fundador.*

O inesquecível choque do esquecimento havia transformado a ilha dos escravos em teatro dos sonhos; pois só pelos sonhos os habitantes da Martinica poderiam imaginar a própria existência, criar sua *memória existencial*; o inesquecível choque do esquecimento tinha elevado os contadores de histórias populares à categoria de poetas da identidade (foi para render-lhes homenagem que Patrick Chamoiseau escreveu *Solibo magnifique*) e legaria mais tarde seu sublime legado oral, com suas fantasias e loucuras, aos romancistas. Eu gostava desses romancistas; eles me eram estranhamente próximos (não apenas os da Martinica, mas também os do Haiti, René Depestre, emigrante como eu, Jacques Stephen Alexis, executado em 1961 como vinte anos antes, em Praga, Vladislav Vančura, meu primeiro amor literário); seus romances eram muito originais (o sonho, a magia, a fantasia desempenhavam neles um papel excepcional) e importantes não apenas para suas ilhas, mas (coisa rara, que assinalo) para a *Weltliteratur*.

UMA EUROPA ESQUECIDA

E nós, na Europa, quem somos nós?

Penso na frase que Friedrich Schlegel escreveu nos últimos anos do século XVIII: "A Revolução Francesa, *Wilhelm Meister*, de Goethe, e *Wissenschaftslehre*, de Fichte, são as maiores tendências de nossa época" (*die grössten Tendenzen des Zeitalters*). Colocar um livro de filosofia no mesmo plano de um imenso acontecimento político; era isso, a Europa; aquela nascida com Descartes e Cervantes: a Europa dos tempos modernos. Difícil imaginar que há trinta anos alguém tivesse escrito (por exemplo): a descolonização, a crítica da técnica de Heidegger e os filmes de Fellini encarnam as maiores tendências de nossa época. Essa maneira de pensar já não respondia ao espírito do tempo.

E hoje? Quem ousaria atribuir a mesma importância a uma obra cultural (sobre arte, sobre o pensamento) e (por exemplo) ao desaparecimento do comunismo na Europa?

Não há mais obras de tamanha importância?

Ou perdemos a capacidade de reconhecê-las?

Essas questões não têm sentido. A Europa dos tempos modernos não tem nada a ver com elas. Aquela em que vivemos não procura mais sua identidade no espelho da filosofia e das artes.

Mas então onde está o espelho? Onde procuraremos nosso rosto?

O ROMANCE COMO VIAGEM ATRAVÉS DOS SÉCULOS E DOS CONTINENTES

A harpa e a sombra (1979), romance de Alejo Carpentier, é composto de três partes. A primeira é situada no começo do século XIX, no Chile, onde mora por algum tempo o futuro papa Pio IX; convencido de que a descoberta do novo continente foi o acontecimento mais glorioso da cristandade moderna, ele decide então consagrar a vida à beatificação de Cristóvão Colombo. A segunda parte nos remete para uns três séculos antes: Cristóvão Colombo conta ele próprio a inacreditável aventura da descoberta da América. Na terceira parte, uns quatro séculos depois de sua morte, Cristóvão Colombo assiste, invisível, à sessão do tribunal eclesiástico que, depois de uma discussão tão erudita quanto fantasista (estamos na época subsequente a Kafka, em que a fronteira do inverossímil não é mais vigiada), recusa sua beatificação.

Integrar diferentes épocas históricas numa só composição — eis uma das novas possibilidades, antes inconcebíveis, que se abriram diante da arte do romance do século XX assim que ele soube superar os limites de sua fascinação pelas psicologias individuais e se inclinar sobre a problemática existencial no sentido amplo, geral, supraindividual dessa expressão; ainda uma vez me refiro a *Os sonâmbulos*, em que Hermann Broch, para mostrar a existência europeia carregada pela torrente da "degradação dos valores", se detém sobre três épocas históricas separadas, três degraus pelos quais a Europa descia em direção ao desabamento final de sua cultura e de sua razão de ser.

Broch inaugurou um novo caminho para a forma romanesca. É nesse novo caminho que se encontra a obra de Carpentier? Claro que sim. Nenhum grande romancista pode sair da história do romance. Mas atrás da forma semelhante escondem-se intenções diferentes. Pela confrontação de diversas épocas históricas, Carpentier não procura resolver o mistério de uma grande agonia; ele não é um europeu; em seu relógio (o relógio das Antilhas e de toda a América Latina), os ponteiros estão ainda longe da meia-noite; ele não se pergunta: "Por que devemos desaparecer?", mas sim: "Por que tivemos de nascer?".

Por que tivemos de nascer? E quem somos nós? E qual é a nossa terra, a *terra nostra*? Compreenderemos muito pouco se nos contentarmos em sondar o enigma da identidade com a ajuda de uma memória puramente introspectiva; para compreender, é preciso comparar, dizia Broch; é preciso submeter a identidade à prova das confrontações; é preciso confrontar (como Carpentier em *O século das luzes*, de 1958) a Revolução Francesa com suas réplicas nas Antilhas (a guilhotina parisiense com a de Guadalupe); é preciso que um colono mexicano do século XVIII (em *Concerto barroco*, de Carpentier, 1974) confraternize na Itália com Haendel, Vivaldi, Scarlatti (e mesmo com Stravinsky e Armstrong, nas horas tardias de uma bebedeira!) e nos faça assistir desse modo a uma confrontação fantástica da América Latina com a Europa; é preciso que o amor de um trabalhador e de uma prostituta, em *L'Espace d'un cillement* (1959), de Jacques Stephen Alexis, se passe num bordel do Haiti tendo como tela de fundo um mundo totalmente estrangeiro representado pela clientela de marinheiros americanos; pois a confrontação das conquistas inglesa e espanhola da América está no ar em toda parte: "Abra os olhos, miss Harriet, e lembre-se de que nós massacramos nossos peles-vermelhas, e de que nunca tivemos coragem de fornicar com as mulheres indígenas para que não surgisse pelo menos um país mestiço", diz o protagonista do romance de Carlos Fuentes (*Gringo velho*, de 1983), um velho americano perdido na revolução mexicana; com essas palavras, ele capta a diferença entre as duas Américas e, ao mesmo tempo, dois arquétipos opostos de crueldade: um ancorado no desprezo (que prefere matar à distância, sem tocar no inimigo, sem nem mesmo vê-lo) e aquele que se alimenta de um perpétuo contato íntimo (que deseja matar olhando o inimigo nos olhos)...

A paixão da confrontação em todos os romancistas é ao mesmo tempo o desejo de ar, de espaço, de respirar: o desejo de formas novas; penso em *Terra nostra* (1975), de Fuentes, essa imensa viagem através dos séculos e dos continentes; nela encontramos sempre os mesmos personagens, que, graças à fantasia embriagadora do autor, se reencarnam com o mesmo nome em épocas diferentes; a presença deles assegura a unidade de uma composição que, na história das formas romanescas, se ergue, inacreditável, na fronteira extrema do possível.

O TEATRO DA MEMÓRIA

Há, em *Terra nostra*, um personagem sábio e louco que possui um curioso laboratório, um "teatro da memória", no qual um fantástico mecanismo medieval lhe permite projetar numa tela não apenas tudo o que acontece, mas também tudo o que *poderia ter acontecido*; segundo ele, ao lado da "memória científica", existe a "memória de poeta", que, adicionando à história real todos os acontecimentos possíveis, contém o "conhecimento total de um passado total".

Como estava inspirado por seu sábio louco, Fuentes coloca em cena em *Terra nostra* personagens históricos da Espanha, reis e rainhas cujas aventuras não se parecem, no entanto, com o que verdadeiramente aconteceu; o que Fuentes projeta sobre a tela de seu próprio "teatro da memória" não é a história da Espanha, é uma *variação fantástica sobre o tema da história da Espanha*.

O que me faz pensar numa passagem muito engraçada de *O terceiro Henri* (1974), de Kazimierz Brandys: numa universidade americana, um emigrante polonês ensina a história da literatura de seu país; sabendo que ninguém conhece nada, ele inventa, para se divertir, uma literatura fictícia, composta de escritores e de obras que nunca haviam existido. No fim do ano letivo, ele constata, estranhamente decepcionado, que essa história imaginária não se distingue da verdadeira em nada de essencial. Que ele não havia inventado nada que não pudesse ter acontecido, e que suas mistificações refletem fielmente o sentido e a essência da literatura polonesa.

Robert Musil também tinha seu "teatro da memória"; nele, esse autor observava a atividade de uma poderosa instituição vienense, a "Ação Paralela", que preparava para o ano de 1914 a celebração do aniversário de seu imperador, com a intenção de fazer dela uma grande festa pan-europeia da paz (sim, mais uma piada de humor ácido!); toda a ação de *O homem sem qualidades*, apresentada em 2 mil páginas, é tecida em torno dessa importante instituição intelectual, política, diplomática, mundana que jamais existiu.

Fascinado pelos segredos da existência do homem moderno, Musil via os acontecimentos históricos como (eu o cito) *vertauschbar* ("intercambiáveis", "permutáveis"); pois as datas das guerras, os nomes dos vencedores e dos vencidos, as diversas iniciativas políticas resultam de um jogo de variações e de permutações cujos limites são determinados por forças profundas e secretas. Muitas vezes essas forças se manifestam em outra variação da história de maneira muito mais reveladora do que naquela em que por acaso aconteceram.

CONSCIÊNCIA DA CONTINUIDADE

Você me diz que eles te detestam? Mas o que quer dizer "eles"? Cada um te detesta de um modo diferente, e fique certo de que há entre eles alguns que te amam. Pelo seu poder prestidigitador, a gramática sabe transformar uma multidão de indivíduos numa única entidade, num único sujeito, num único *subjectum* que se chama "nós" ou "eles", mas que como realidade concreta não existe. A velha Addie morre no meio de sua grande família. Faulkner, no romance *Enquanto agonizo*, de 1930, conta sua longa viagem dentro do caixão até o cemitério num canto perdido da América. O protagonista do relato é um coletivo, uma família; é o cadáver deles, a viagem deles. Mas pela forma do romance, Faulkner desfaz o jogo de mistificação do plural: pois não é um único narrador, mas os próprios personagens (são quinze) que (em sessenta capítulos curtos) contam, cada um a seu modo, essa anábase.

A tendência de demolir o engano gramatical do plural, e com ele o poder de um único narrador, tendência tão marcante nesse romance de Faulkner, está presente na arte do romance, em germe, como possibilidade, desde os seus primórdios, e, de maneira quase programática, na forma do "romance por cartas", muito difundido no século XVIII. Essa forma inverteu de imediato a relação de forças entre a *story* e os personagens: não era mais a lógica de uma *story* que decidia sozinha que personagem iria entrar em cena no romance e em que momento. Desta vez os personagens se emancipavam, se apropriavam de toda a liberdade da palavra, tornavam-se eles mesmos donos do jogo; pois uma carta, por definição, é a confissão de um correspondente que fala daquilo que quer, que é livre para divagar, para passar de um assunto a outro.

Fico encantado quando penso na forma do "romance por

150

cartas" e em suas imensas possibilidades; e quanto mais penso nisso, mais me parece que suas possibilidades ficaram inexploradas, até despercebidas: ah, a naturalidade com a qual o autor poderia colocar toda espécie de digressões, de episódios, de reflexões, de lembranças, confrontar diferentes versões e interpretações do mesmo acontecimento! Claro, o "romance por cartas" teve seu Richardson e seu Rousseau, mas nenhum Laurence Sterne; ele renunciou às suas liberdades, hipnotizado que estava pela autoridade despótica da *story*. E me lembro do sábio louco de Fuentes e digo a mim mesmo que a história de uma arte (o "passado total" de uma arte) é feita não apenas daquilo que essa arte criou, mas também daquilo que ela *poderia ter* criado, de todas as suas obras realizadas, assim como de todas as suas obras possíveis e não realizadas; mas admitamos: ficou de todos os "romances por cartas" um grande livro que resistiu ao tempo: *As relações perigosas* (1782), de Choderlos de Laclos; é nesse romance que penso quando leio *Enquanto agonizo*.

Sobressai no parentesco dessas duas obras não que uma tenha influenciado a outra, mas que elas pertencem à mesma história da mesma arte e se voltam para um grande problema que essa história lhes apresenta: o problema do poder abusivo do narrador único; separadas por um intervalo de tempo tão longo, as duas obras são atraídas pelo mesmo desejo de quebrar esse poder, de destronar o narrador (e a revolta não visa apenas ao narrador no sentido da teoria literária, ela se dirige também ao poder atroz desse narrador que desde tempos imemoriais conta à humanidade uma única versão aprovada e imposta de tudo aquilo que é). Vista sobre a tela de fundo de *As relações perigosas*, a forma pouco habitual do romance de Faulkner revela todo o seu sentido profundo, do mesmo modo que, inversamente, *Enquanto agonizo* torna perceptível a enorme audácia artística de Laclos, que soube iluminar uma única *story* de ângulos múltiplos e fazer de seu romance um carnaval das verdades individuais e de sua irredutível relatividade.

Pode-se dizer de todos os romances: sua história comum os coloca em numerosos contatos mútuos que esclarecem seus sentidos, prolongam seu brilho e os protegem contra o esquecimento. O que ficaria de François Rabelais se Sterne, Diderot, Gombrowicz, Vančura, Grass, Gadda, Fuentes, García Márquez, Kiš, Goytisolo, Chamoiseau, Rushdie não tivessem feito ressoar o eco de suas loucuras em seus romances? É à luz de *Terra nostra* (1975) que *Os sonâmbulos* (1929--32) deixa ver todo o alcance de sua novidade estética, que na época em que o livro apareceu mal era percebida; e é na vizinhança desses dois romances que *Os versos satânicos* (1991), de Salman Rushdie, deixa de ser uma atualidade política efêmera e se torna uma grande obra, que, com suas confrontações oníricas das épocas e dos continentes, desenvolve as possibilidades mais audaciosas do romance moderno. E *Ulysses*! Só pode compreendê-lo aquele que está familiarizado com a velha paixão da arte do romance pelo mistério do momento presente, pela riqueza contida num único segundo de vida, pelo escândalo existencial da insignificância. Colocado fora do contexto do romance, *Ulysses* não seria senão um capricho, a incompreensível extravagância de um louco.

Arrancadas da história de suas artes, não restaria grande coisa das obras de arte.

ETERNIDADE

Houve longas épocas em que a arte não buscava o novo, mas ficava orgulhosa de tornar bela a repetição, de reforçar a tradição e de garantir a estabilidade de uma vida coletiva; a música e a dança não existiam senão no quadro dos ritos sociais, das missas e das festas. Depois, um dia, no século XII, um músico de igreja em Paris teve a ideia de acrescentar à melodia do canto gregoriano, imutável havia séculos, uma voz em contraponto. A melodia fundamental continuava sempre a mesma, imemorial, mas a voz em contraponto era uma novidade dando acesso a outras novidades, ao contraponto a três, a quatro, a seis vozes, a formas polifônicas cada vez mais complexas e inesperadas. Já que não imitavam mais aquilo que existia antes, os compositores perderam o anonimato, e seus nomes brilharam como lâmpadas iluminando um percurso em direção a lugares longínquos. Tendo levantado voo, a música tornou-se, por muitos séculos, história da música.

Todas as artes europeias, cada uma a seu tempo, voaram assim, transformadas em sua própria história. Foi este o grande milagre da Europa: não sua arte, mas sua arte transformada em história.

Ora, os milagres têm curta duração. Quem voa um dia aterrissa. Tomado de angústia, imagino o dia em que a arte deixará de procurar o nunca dito e voltará, dócil, ao serviço da vida coletiva, que exigirá dela que torne bela a repetição e ajude o indivíduo a se confundir, em paz e na alegria, com a uniformidade do ser.

Pois a história da arte é perecível. O balbuciar da arte é eterno.

MILAN KUNDERA nasceu na República Tcheca. Desde 1975, vive na França.

Obras de Milan Kundera publicadas pela Companhia das Letras

A arte do romance
A brincadeira
A cortina
Um encontro
A festa da insignificância
A identidade
A ignorância
A imortalidade

A insustentável leveza do ser
A lentidão
O livro do riso e do esquecimento
Risíveis amores
Os testamentos traídos
A valsa dos adeuses
A vida está em outro lugar

1ª edição Companhia das Letras [2006]
1ª edição Companhia de Bolso [2023]

Esta obra foi composta pela Verba Editorial
em Janson Text e impressa pela Gráfica Bartira em ofsete
sobre papel Pólen Natural da Suzano S.A.

A marca fsc® é a garantia de que a madeira utilizada na fabricação do papel deste livro provém de florestas que foram gerenciadas de maneira ambientalmente correta, socialmente justa e economicamente viável, além de outras fontes de origem controlada.